三晋历史文化名人书系

柴继光——著

关羽

山西出版传媒集团
北岳文艺出版社
·太原

图书在版编目（CIP）数据

关羽 / 柴继光著 . —太原：北岳文艺出版社，
2021.5（2021.8 重印）
（三晋历史文化名人书系 / 古卫红主编）
ISBN 978-7-5378-6367-4

Ⅰ.①关… Ⅱ.①柴… Ⅲ.①关羽（160-219）—传
记 Ⅳ.①K825.2

中国版本图书馆 CIP 数据核字（2021）第 004861 号

关羽

柴继光　著

//

责任编辑

张丽

书籍设计

张永文

印装监制

郭勇

出版发行：山西出版传媒集团 · 北岳文艺出版社

地址：山西省太原市并州南路 57 号　邮编：030012

电话：0351-5628696（发行部）　0351-5628688（总编室）

传真：0351-5628680

经销商：新华书店

印刷装订：山西人民印刷有限责任公司

开本：787mm × 1092mm　1/16

字数：210 千字

印张：20.5

版次：2021 年 5 月第 1 版

印次：2021 年 8 月山西第 2 次印刷

书号：ISBN 978-7-5378-6367-4

定价：60.00 元

關羽

杨苇/绘

出版前言

习近平总书记强调："文化自信是更基础、更广泛、更深厚的自信，是更基本、更深沉、更持久的力量。"坚定中国特色社会主义道路自信、理论自信、制度自信，说到底是要坚定文化自信。奋进在建设文化强国的伟大征程中，我们要努力从中华民族世世代代形成和积累的优秀传统文化中汲取营养智慧，延续文化基因；萃取思想精华，展现精神魅力。

山西是中华文明的重要发祥地之一，以尧舜禹为代表的根祖文化，以长城为代表的多民族交融的边塞文化，以云冈、五台山、平遥为代表的物质遗产文化，都极大地彰显了山西传统文化的软实力。特别是从尧舜禹起，乃至晋文公、荀子、赵武灵王、卫青、霍去病、关羽、薛仁贵、王勃、王维、柳宗元、司马光、元好问、关汉卿、薛瑄、傅山、于成龙、陈廷敬、祁寯藻、杨深秀等，一大批政治家、思想家、军事家、文学家，在中华民族历史上做出过重大贡献，占据崇高地位，产生了持久的影响，是山西乃至中华文化的典型性人物，他们的文化成就，是中华文明的宝贵财富。

2020年5月11日至12日，习近平总书记再次亲临山西视察，对山西历史文化给予高度评价，对山西历史文化名人给予高度肯定，勉励山西要深入挖掘优秀传统文化，引导广大干部群众提升道德情操、树立良好风尚、增强文化自信。习近平总书记的重要讲话重要指示，给山西人民以极大鼓舞和激励，为我们传承和弘扬山西优秀传统文化，建设文化强省、文化强国，进一步指明了方向。

当前，山西正处于转型发展和建设文化强省的重要历史关头，迫切需要汇聚更强大、更深厚的精神力量，这就要求我们要更加坚定地以习近平新时代中国特色社会主义思想为指导，深入贯彻、忠实践行习近平总书记视察山西的重要讲话重要指示，乘势而为，守正创新，充分挖掘和弘扬山西历史文化名人的精神内涵，为山西高质量转型发展提供精神动力。为此，我们山西出版传媒集团主动策划了《三晋历史文化名人书系》。

该书系从众多的山西历史文化人物中遴选了荀子、卫青、霍去病、关羽、司马光、于成龙、陈廷敬7位极具代表性的名人，以传记的形式，深入浅出地讲述他们的生平事迹和重要成就，彰显了他们在中国古代政治、经济、军事、文化、教育等领域所做出的杰出贡献。尤其重在阐释荀子的"为学之道"，卫青、霍去病的"勇武之功"，关羽的"忠义之气",司马光的"正直之德",于成龙的"廉能之志",陈廷敬的"清勤之能",通过深入挖掘山西历史文化名人的精神内涵,汲取精神力量,引导全省干部群众深入了解山西历史文化名人、大力弘扬中华优秀传统文化。这是山西出版界贯彻习近平总书记殷殷嘱托的一项成果。

党的十九届五中全会吹响了建设社会主义文化强国的冲锋号,我省提出要凝心聚力建设新时代文化强省,熔铸发展软实力,增强文化晋军影响力,用璀璨文化之光照亮转型发展之路。我们相信,《三晋历史文化名人书系》的出版,一定有助于全省党员干部进一步深入贯彻落实习近平总书记视察山西重要讲话重要指示;有助于全省干部群众在新的历史起点上,加速转型发展,率先蹚出一条新路;有助于增强我们的历史责任感,重塑文化形象,坚定文化自信,为实现中华民族伟大复兴的中国梦奋勇前进。

山西出版传媒集团党委书记、董事长

贾新田

义勇冲霄汉的中华武圣：
关羽、关公崇拜与关公文化

写一本关羽的传记，是一个非常复杂的工程。不仅要厘清历史上的关羽与封建时代关公崇拜中的关羽的关系，还要准确把握作为中华传统文化重要组成部分的关公文化的内涵。在众多的关公传著作中，柴继光先生的这本《关羽——名将 武圣 大帝》，对这三个方面的关照最为客观、平实，比那些戴着关公崇拜有色眼镜来看关羽与关公文化的写作，更有阅读价值。柴继光先生生前对关羽有很深的研究，还亲自跑全国各地考察关公文化遗迹。功夫不负有心人，这是我们阅读这本《关羽》传记后最深切的感受。

一

我们首先来谈谈历史上的关羽究竟是个什么样的人。
关羽是三国时期蜀国的名将，这是最基本的历史真实。

不过，史书对关羽的记述极其简单，陈寿的《三国志》列有《关羽传》，正文只有770余字，晋常璩的《华阳国志》也列有《关羽传》，字数更少。即便如此，关羽的生平梗概还是可以大致勾勒出来的。

关羽，字云长，河东解人。根据地方志的说法，确切地说，是今山西省运城市盐湖区解州镇常平村人。关羽出生于东汉桓帝延熹三年（160）。后因在当地杀死恶霸，避难逃往涿郡，与刘备、张飞结成"恩若兄弟"的关系，共同组织起一支人马，参与镇压黄巾农民起义。后一直追随刘备，在刘备担任平原相时，关羽和张飞任别部司马，分统部曲，刘、关、张的创业由此起步。

汉末大乱，天下豪强纷纷起兵争夺地盘。刘、关、张是实力很小的一支，但他们的志向很大，以匡扶汉室、安定天下为政治理想和社会宏愿，经过艰苦卓绝的奋斗，抓住了赤壁之战的机会，最终占有荆、益二州，与曹操、孙权三足鼎立，中国历史步入局部统一的三国时代。

在蜀汉政权的建立过程中，关羽是立了大功的，这个确定无疑。所以被刘备封为前将军，位列"五虎将"之首。从史传记载看，关羽是个个性形象非常鲜明的人。关羽的历史本色，最突出的方面，可概括为以下三点：

（一）关羽是一员勇将。"斩颜良，解白马之围"和"威震华夏"是有史籍可征的典型事例。兴平元年（194），刘备在徐州争夺战中被迫投降曹操。建安四年（199），刘备借口攻击袁术，脱离曹操控制，重新占领徐州，命关羽驻守下邳，行太守事。建安五年（200），曹操亲自统兵攻击刘备，刘备军队寡不敌众，兄弟失散，关羽暂归曹营。关羽在曹军立下"斩颜良，解白马之围"奇功一件，有《三国志·关羽传》的记载为证：

> 绍遣大将颜良攻东郡太守刘延于白马，曹公使张辽及羽为先锋击之。羽望见起麾盖，策马刺良于万众之中，斩其首还，绍诸将莫能当者，遂解白马围。曹公即表封羽为汉寿亭侯。

于万军之中取上将首级，无人敢挡，关羽由此确立了勇冠三军的"勇将"地位。关羽在军事上最声名显赫的功业，是曾经"威震华夏"，事情发生在建安二十四年（219），当时刘备已经夺占了蜀中，自封为汉中王，关羽被封为前将军，率军镇守荆州，专方面之任：

> 是岁，羽率众攻曹仁于樊。曹公遣于禁助仁。秋，大霖雨，汉水泛溢，禁所督七军皆没。禁降羽，羽又斩将军庞德。梁、郏、陆浑群盗或遥受羽印号，为之支党，羽威震华夏。曹公议徙许都以避其锐。

"水淹于禁七军"之战，展现了关羽的"为将之勇"。关羽也许称不上是个军事家，但作为一个勇将，还是名实相副的。"勇"也是一种军事才能，所谓"两军相遇勇者胜"，用今天的时髦话说就是敢于"亮剑"的精神。勇是为将的基本素质，如果未战先怯，就永远没有胜利可言。勇作为一种战争中的可贵品格，值得永远颂扬，这是关羽受到后人追捧的原因之一。

（二）关羽是一位"国士"。"国士"是陈寿给关羽、张飞的"褒称"，就是讲大义、讲义气。《三国演义》为了塑造关羽的"大义"形象，精心编造了桃园结义、封金挂印、华容道义释曹操等精彩故事，但也不是一无所本，至少关羽放弃曹操给的优厚待遇，去追随当时还一事无成的刘备，是历史上真实存在的。刘、关、张是否"桃园结义"，正史没有明确记载，但刘备待关、张"恩若兄弟"，却是关羽亲口说出的。刘关张三人中，刘备不仅年长，而且文化水平、政治见识较高。刘备在那个时代的政治魅力就是高举"复兴汉室"的大旗。"复兴汉室"因为刘备姓刘而成为其政治招牌，在因军阀混战造成人民深陷苦难的年代，恢复两汉和平、强盛年代的治世，是人们的强烈渴望。这就是"大义"所在，也是关于对刘备讲义气的前提。为了一个"义"字，关羽不为金钱、地位乃至恫吓所动，一生追随刘备。这种"国士"品格，使关羽具备很高的人格魅力，也使关羽这个历史人物具有了很大的精神、文化挖掘潜力。后人将关羽之"义"抬高到"忠"的高度，其实"效忠"观念在三国时代并不流行。

（三）关羽是个十分自负的人。根据史书的记载，虽然为关羽刮骨疗毒的并不是名医华佗，但关羽在疗伤过程中神态自若却是言之有据。关羽的威猛刚毅，由此可见一斑。关羽作为一员勇将，威猛是其自负的本钱。但"威猛刚毅"是一柄双刃剑，"威"可以震服部下，可以吓住敌人；但在另一种场合，"自负"就会轻敌，"威而少恩"就会失众。关羽败走麦城，就是被他秉性的负面因素所伤。陈寿在《三国志》中对关羽、张飞的评价十分精准："并有国士之风。然羽刚而自矜，飞暴而无恩，以短取败，理数之常也。"名震史册、令人敬服的关羽，也是有缺点的，这才是真实的历史。

二

中国传统文化中的关公崇拜，是从宋代开始的。清代著名史学家赵翼在对关公崇拜有一段概述：

> 独关壮缪在三国、六朝、唐、宋皆未有禋祀，考之史志，宋徽宗始封为忠惠公，大观二年（1108）加封武安王，高宗建炎三年（1129）加壮缪武安王，孝宗淳熙十四年（1187）加英济王，祭于当阳之庙。元文宗天历元年（1328）加封显灵威勇武安英济王。明洪武中复侯原封。万历二十二年（1594）因道士张通元之请，晋爵为帝，庙曰英烈，四十二年（1614）又敕封三界伏魔大帝神威远镇天尊关圣帝君……继又崇为武庙，与孔庙并祀。本朝顺治九年（1652），加封忠义神武关圣大帝。今且南极岭表，北极塞垣，凡妇女儿童，无有不震其威灵者，香火之盛，将与天地同不朽。

《三国志》中记述的关羽，从晋历南北朝到隋唐五代，并没有受到社会的特别重视。但从宋仁宗时期起，关羽首先被历代统治者不断加封，由忠惠公而武安王、英济王，到明代更晋爵为帝，与孔夫子并称"文武二圣"。清代，城乡间祭祀关羽的武庙数量，远远超过祭祀孔夫子的文庙，可见关公崇拜之风的兴盛。至于道教、佛教及各类民间宗教，更尊关羽为神，加以膜拜。关公崇拜成为中国封建社会后期的一个独特的文化现象。

　　宋元明清历朝统治者加封关羽，可以说是各有所图。北宋中期以降，外患内忧挤压下艰难维持的北宋王朝，积贫积弱，渴望一种勇武之气来振奋朝纲。翻检史书，晋将刘遐、南朝宋战将薛安都、北魏猛将杨大眼，以勇武出名，时人比之关（羽）张（飞）。这说明，在两晋南北朝时期，关羽已成为"勇将"的代名词。北宋朝廷把关羽抬出来，不断加以表彰，政治用意十分明显。由北方少数民族以"勇武"入主中原而建立的元朝、清朝的统治者，封赠关羽，则无疑是为其"武力征服"的合法性加码。

　　关公崇拜的兴起，还与理学思潮有一定的关系。宋代兴起的理学，摒弃了郑玄以来儒学专注文本注疏的学术传统，转向关注社会现实，着意塑造一种以国家价值为取向的，以"修身齐家治国平天下"为旨趣的标准理想人格。"国士"关羽，喜读《春秋》，讲义气、守信用，又勇武盖世——可谓最完美的道德楷模，朝廷和理学家们都看中了关羽的价值，共同将关羽塑造为一尊道德偶像，供上了殿堂。中国的民间文化很难摆脱政治文化的影响，戏曲、小说对关公崇拜起了推波助澜的作用，特别是《三国演义》对关羽的形象进行了艺术化、放大化的处理，集忠、义、信、勇等优良品质于一身，使其成为深受人民景仰的大英雄。对推动关公崇拜信仰在基层社会的传播，起了很大的作用。

关公崇拜文化中的关公是按照中国封建社会的国家道德标准塑造的，和关羽本人有一定的距离。关羽的事迹被添枝加叶，甚至无中生有；关羽的行事、人品被拔高、美化，比如增加了"温酒斩华雄"等美谈；在理念上把关羽的"义"抬到"忠"的高度大肆宣扬。这对于我们正确评价历史上关羽其人，会有一种"干扰"。

三

关羽与关公崇拜，穿越时间的烟云，沉淀为中国传统文化中一种独特的形态——关公文化。在今天，我们如何对待这笔文化遗产，还是一个需要思考的问题。

关公文化遗产，有的已凝结为一种物质的形态，比如全国各地常见的关帝庙，很多已成为全国重点文物保护单位，其中的精品建筑群，如山西运城市解州关帝庙、河南洛阳关林等，已成为旅游名胜景观，是我们发展文旅产业的重要依托。游客参观关帝庙文化景观，旅游体验不会局限于关公文化，比如解州关帝庙春秋楼的悬梁吊柱设计，就会让游客领略到中国古代木构建筑技术的超群绝伦。但关帝庙的文化内涵，不一定是关羽与关公崇拜文化。参观解州关帝庙这样的传统道德文化的神圣殿堂，关公文化的感染力必然直击人心，产生教化作用。对于传统文化，我们要抱着"取其精华去其糟粕"的态度，既要让游客把握好关公文化的优秀精神内核，又要批判封建迷信、愚忠思想等糟粕，才能使关公文化得到正确的弘扬。

关公文化已经渗透到中华民族的文化心理结构之中，成为中华民族精神的组成部分，成为连接海内外华人的精神纽带。唐代大历十才子之一的郎士元的《壮缪侯庙别友人》五言古诗，称赞关公"将军禀天资，义勇冠今昔。走马百战场，一剑万人敌"，"义勇"正是关公文化的精髓。中华民族重大义、讲信用，不屈不挠、勇往直前，展现了中华文化蓬勃向上的生命力。弘扬"义勇"文化，对增强我们的文化自信，具有十分重要的现实意义。

目　录

第一章

家世

关羽，字云长，本字长生。祖籍是汉河东郡解县宝池里下冯村，即现今的山西省运城市盐湖区解州镇常平村。该村南依中条山，北濒运城盐池，西距解州城9公里，北去运城市区10公里，东至安邑城17.5公里。

在对关羽的生平进行研究之前，我们需先探究一下关羽的家世。

○
○

关氏谱系

据称，关氏为河东郡著姓望族。

在关羽的故里，东汉时的解县宝池里下冯村，即今运城市常平村，现在已经没有关姓居民。关氏后人从这里出走，迁移去了其他地方。这从民间散存的《关氏家谱》中，可以看出端倪。

《关氏家谱》在民间散存着不少，笔者在研究关羽的过程中，曾看到过以下几种：

一、山西省运城市北相镇西古村《关氏家谱》

西古村是关氏后裔聚居地，原名圣裔村。村民有三百多户，百分之八十为关姓。村里有北魏孝文帝时的关朗墓。墓碑题"魏记室关公讳朗字子明墓"。据说，这里的关姓是当年关羽在解州城里杀死恶霸吕熊以后，其族人害怕官府追查，祸连无辜，才从下冯村逃亡迁移到这里的。这是在古河东地区关氏后裔的最大聚居地。西古村《关氏家谱》为手抄本，是清同治九年（1870）修撰的。内有《关氏家乘引》一文，叙述了《关氏家谱》的修撰经过：

　　闻之，国有史，邑有志，家有乘。同一记载，而意微殊。史所以昭善政，示劝惩；志所以叙沿革，志人文；家乘之设，则序昭穆，联族姓，上尊祖祢而不忘，下传子孙于无穷，仁爱之心笃挚而真醇焉。然则，苟孝悌之心，勃兴而不自禁，则于族谱之谋，自有殷切者矣。余阅关氏家乘，自雍正九年重修后，世代渐远，子孙益繁，约计一百五十余载，未曾修撰。至同治庚午岁，有后裔如汉公，恐昭穆之日久难序也，爰与阖族共议，复为修辑，族下昆弟，皆乐是举，欣然许诺曰："及今不叙，后必至于紊乱无稽矣。"遂因旧谱之贻名，并及历代之配氏，按班就位，次第编辑，俾后之接踵而生者，井井不紊，如木之枝盛叶繁，非有二本；如水之支分派析，同出一源焉。不唯今日之尊卑不紊，即关氏之后裔，有达人，登国史，登邑乘，亦得考先世而溯渊源焉。事既竣，属余为文。余不揣固陋，聊陈俚语，以待夫关氏后之作者。是为叙。

眷亲邑庠生员赵炳炎顿首拜撰并书。

这部《关氏家谱》，奉夏桀时的著名大臣关龙逢（páng）为第一代始祖，至关羽为三十七代，从第二至第三十六代都阙名。倡续《关氏家谱》的关如汉为六十五代。现在，西古村的关氏后裔已繁衍到七十二代。谱中录关羽的儿子共三人，即关平、关兴、关索。

赵炳炎《关氏家乘引》之中提到《关氏家谱》曾于"雍正九年重修"，可见，在清朝雍正九年（1731）之前，《关氏家谱》已修成，成于何时作者没有交代清楚。最早的《关氏家谱》及雍正九年的重修本，西古村关氏后裔中都无人保存，仅有同治九年（1870）的这部《关氏家谱》完好地保存下来。

西古村是关羽之后的关氏发祥地，古河东地区的一些关氏后裔，如临猗县从善村、从义村，运城市小曲村、王马村的关姓；河南省洛阳等许多县市的关氏后裔，都是从西古村迁去的。外地的关氏族人还不断前来西古村寻根问祖，到常平村关氏家庙祭奠。

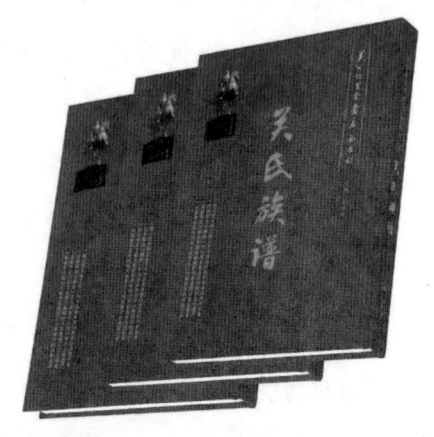

关氏族谱

二、河南省尉氏县张市《关氏族谱》

这部《关氏族谱》是清代咸丰年间修纂的，于清同治八年（1869）重版印刷，为木刻板，保存得相当完好。谱前有当地关庙执事官、关氏五十六代孙关水田于清咸丰九年（1859）撰写的序。在序中，关水田详细地介绍了关氏后裔先后从山西省运城市关氏祖居地迁徙河南省各地的情况，这是别的《关氏族谱》中所没有的。记载迁居的有：

> 关质迁居舞阳。关允迁居西平。
>
> 关绅迁居扶沟。关世贤迁居长葛。
>
> 关守直迁居郾城。关大成迁居叶县。
>
> 关明臣迁居陈州。关大经迁居邓州。
>
> 关应聘迁居许州。关密迁居泌阳。
>
> 关俊迁居太和。关炳迁居南阳。
>
> 关世科迁居洛阳。关孟题迁居禹州。
>
> 关孟林迁居密县。关建忠迁居襄城。

遗憾的是，关水田没有写出这些关氏后人大量迁居河南各地的原因。但是，据此简要的叙述，却也揭示了河南各地关氏家族与山西省运城市关氏家族的血缘关系。

河南省尉氏县《关氏族谱》最早是从山西省运城市西古村传抄过去而后续修的，亦尊关龙逄为始祖。

三、河南省洛阳市李屯《关氏族谱》

洛阳市南郊李屯关氏后裔是明万历四十二年（1614），从山西运城迁去洛阳关林为关羽守陵的关氏五十二代孙关世科开始繁衍下来的。李屯现有关姓三百多户，一千八百多口人，是一大姓家族。关世科迁居之时，曾抄录了西古村的《关氏家谱》随身带去，而后又续修起来。现在，李屯有两种版本的《关氏族谱》，一是1954年版，一是1983年农历版，均为铅字印刷。这里的《关氏族谱》与别处的家谱不同的是：

一是列关羽为始祖，即第一代，现在已传到六十八代。

二是这部家谱是洛阳李屯关姓与河南省原阳、伊阳、嵩县，山东省东明等县的关姓联合修辑的，容量较大。

洛阳市李屯《关氏族谱》的序，介绍了在河南省各地的关氏后裔修纂族谱的情况：

清顺治十年（1653）癸巳小阳月，五十四世祖、奉祀生讳起凤（科祖后裔）敬志了第一部《关氏洛阳图谱》。乾隆二十五年（1760）桂月，五十六世祖、雍正甲辰科举人讳琰（福祖后裔）亲到洛阳联宗续谱，并敬志了《关氏长垣图谱》。乾隆二十二年（1757）二月，五十八世祖、邑庠生讳礼（科祖后裔）敬志了《关氏叠封》，详细记载历代皇帝对圣祖的敕封和赏赐，以及康熙五十八年（1719）十月十二日，清帝赐五十六世祖、奉祀生讳鼐（科祖嫡系长门）为世袭翰林院五经博士的始末。嘉庆十九年（1814）三月望日，六十世祖、世袭翰林院五经博士讳笃行，亲到汝宁抄对家谱，并与汝宁宗支联谱。嘉庆二十一年（1816）桂月朔日，六十世祖、世袭翰林院五经博士讳笃行与六十世祖、邑庠生、奉祀生讳化（福祖后裔）共同续修《关氏洛阳、长垣宗支图谱》。嘉庆二十三年（1818），笃行祖与六十世祖、世袭奉祀生讳慎行，共同续志《关氏叠封》。民国九年（1920）正月十九日，六十二世祖讳兆祥敬志《关氏东明宗支图谱》。公元1954年5月，六十一世祖讳锦富与六十二世祖讳振杰、振凯续修《洛阳宗支图谱》。公元1980年2月10日，福祖后裔振宗、孝然、兆民、源滨共修《关氏东明宗支图谱》。

1983年农历正月在洛阳共贺合谱。

从以上记叙可见，河南省各地的关氏后人，曾先后修纂了一些地方的宗支图谱，而且，他们相互之间常有联系、沟通。洛阳市李屯关姓，由于是在关林为关羽守陵的关世科的嫡传子孙，就成了河南各地关姓的宗支核心。但是，他们累代都不忘其根基是在山西省运城市。

洛阳市李屯《关氏族谱》也将关索序为关羽第三子。

四、《关氏历代世系图》

1993年9月，笔者因拍电视专题片《武圣关羽》曾与湖北省当阳市的关羽文化研究者朱正明先生相识。他赠送笔者一份《关氏历代世系图》影印件，说是从台湾传回大陆的。此世系图是手抄件。经核查，它实际是山西省运城市小曲村关氏一支的族谱。关氏这一支，也是从运城市西古村迁移出去的。世系图是关氏五十九代孙关德全先生修纂的。关德全先生的弟弟关心全先生居留台湾。此世系图是关德全先生手抄传给关心全先生，然后又传回大陆。

运城市小曲村的《关氏历代世系图》由于支派小，所以并不庞大。但是，这个世系图不同于别处《关氏家谱》的地方是，它不仅叙男而且叙女，这是我看到的众多的中国氏族谱的一个突破，表现了男女平等的观念。在世系图前有关德全之父、关氏五十八代孙、辛亥革命老人，曾任山西文史馆馆员关克昌（芷洲）先生的一篇《创制家谱叙女例序》。他写道：

> 家谱例不叙女，以承宗祧属男故也。子德全以为女不叙，于联姻之道有缺。女嫁，终父母之世，兄弟之世，勉而终其子之世可相互来，过此则路人矣，以其久而难稽也。人情有葭莩联系则亲，无则疏。苟谱叙女载明其适某，则虽久有稽，联姻之道可以广。以请于予，予曰可。记曰：尊祖故敬宗，敬宗故收族。

女亦宗族之遗，阅数世而遗之，奚可哉。国家袭海外法，倡平等，使女子有继承权。失事理之宜，固无足取。惟叙之于谱，使永有可稽，于宗祧承继之事既无所妨，而收族之义以广，斯尊祖敬宗之道必益宏矣。矧以葭莩增社会亲睦，大裨民德，其又何尤。特事属创举，易滋人疑，不可无所言，故叙明例意，以谕来兹，嗣后叙谱者行之便。时中华民国三十三年（1944）夏历岁次甲申十二月八日关圣五十八世孙克昌敬序。

在序中，关克昌先生的某些观点失之偏颇，如："使女子有继承权。失事理之宜，固无足取。"关德全先生也仅从人情亲疏来论说叙女入家谱之必要，似属肤浅。但是，他们主张在家谱中"叙女"，不能不说是关氏父子的一大进步主张，正如他序中所说"事属创举"，这是难能可贵的。

《关氏历代世系图》还序录了关羽祖父关审、父亲关毅的名讳，这是其他《关氏家谱》所没有的。

就全国来说，流传在民间各地的《关氏家谱》还有不少，但大都可能是某地一支的宗谱。据笔者所知，就有荆州、许昌《关氏族谱》等。由于没有接触到实谱，所以，不便叙说。在笔者接触到的几种《关氏家谱》中，有几个关氏谱系中的重要问题，是值得考辨的。

关氏始祖

陈寿撰写的《三国志》，虽然给关羽立传，但是对关羽的家世没有任何记载。《唐书》以及后来的《关圣帝君圣迹图志全集》和《解梁关帝志》中，却有了关羽家世的种种说法，民间也有不同的传说。

关氏始祖是谁？

东汉末应劭撰写的《风俗通义》，在传世过程中散佚很多。到清代，先后有严可均和钱大昕、张澍辑录的佚文。在佚文《姓氏》篇中记载了关氏来历。应劭《风俗通义·佚文》卷六记：

> 关氏，关令尹喜之后，汉长水校尉关并。

后来，《新唐书》也有记载：

> 关氏出自商（按：商应为夏）大夫关龙逢之后，蜀前将军、汉寿亭侯羽，生侍中兴。其后世居信都（今河北省衡水市）。裔孙播，相德宗。

清人张镇在《解梁关帝志》之《谱系考辨》中说：

胡琦曰：关氏之先，出夏大夫关龙逄。一云关令尹喜之后。侯居河东为著姓。

张镇提到的胡琦是元代人，曾编撰有《关王事迹》。胡琦曾说：

关氏之先，出夏大夫关龙逄也。帝居河东著姓。其世家可究见者三世。（《关圣帝君圣迹图志全集》卷之二）

胡琦和张镇都可能是据《风俗通义》或《唐书》的记载，源溯关羽的始祖是关龙逄或关令尹喜。

其实，称关羽是关龙逄或关令尹喜之后，都是不准确的。

关龙逄是夏代末年夏桀手下的大臣。由于夏桀荒淫无道，残杀无辜，关龙逄多次直谏，冒犯了暴君，被夏桀杀死。在运城市安邑城东北1公里的玉钩山下有关龙逄墓，墓前有明代嘉靖年间吕楠镌立的"夏大夫关龙逄之墓"碑。在运城市区内还曾有过关龙逄庙、关龙逄墓。庙在其他地方也有，如在河南省灵宝市就也有一座关龙逄墓，山西省黎城县也有关龙逄祠。

关龙逄并不单姓关，而是复姓"关龙"。过去，曾有人对此做过考证、解释。

1934年编纂《安邑县志》的景定成（梅九）先生在《金石记》中就说：

按：关龙大夫（关龙本双姓，碑阴称关公，误。）坟墓，闻平陆、夏县均有踪迹，盖后人景慕前贤，每假冢以为纪念，本不足怪。

《山西通志》卷九《关帝世谱》则说：

谨案：关龙即豢龙，盖董父之裔，有虞时已居河东。其后但氏关，犹左史之后为左氏，马服君之后为马氏也。

依《山西通志》的说法，关龙逢的后人，以"关"为姓，这和关羽似乎可以联系起来。但是，从关龙逢到关羽降世，历时1700余年，其间没有衔接的谱系人物可查，这种祖孙关系就很难肯定了。

至于豢龙，据《闻喜县志》卷三十一《姓氏》称：

董氏，始祖董父，世居董泽。相传董父曾在董泽豢龙。其后裔在董村、中董村及凤凰塬下各村。

这又是说，豢龙始祖为董父，与关姓无关。

至于关令尹喜，传说他姓尹名喜，是春秋末期的道家，和道家的创始人老聃（李耳）齐名。他做过函谷关尹，后来随同老聃出关西去。被道家称为"无上真人""文始先生"。

关令是古代守关之官吏。把"关令"置于"尹喜"之前，是说，"尹喜"曾任职"关令"（或关尹），不能说"尹喜"的姓为"关"。关令尹喜既然不姓关，把关羽说成是"关令尹喜之后"，就不能成立了。

不论说关羽是夏代关龙逢之裔，还是说他是关令尹喜之后，尽管有以上的考辨，而最根本的依据是关羽原本并不姓关。

清代大学者梁章钜在《归田琐记·三国演义》中说：

关公本不姓关。

关羽的出生地解州的民间传说，也说关羽不姓关。而他的以"关"为姓，是由于在本土杀了恶霸逃亡途中在路过关隘时遭到盘问，他便信口指"关"为姓，从此以关姓名世。这种说法虽然也属于传说一类，但是，却是可以相信的。因为，关羽的确曾经杀人出逃，亡命在外，而且，现今的关羽故里常平村也没有姓关的人家。

由此说来，关羽和关龙逢或关令尹喜是没有血缘关系了。后世之所以有人要将他们联系起来，只能说是"景慕前贤"的心理作怪，把那有极好名望的关龙逢或关令尹喜，强拉过来作为关羽的远祖。

关羽究竟原来姓什么？解州的民间传说不一，有张、冯、佗、夏四种说法，这四种说法哪一种为是？现在是很难判定了，只好存疑。

关姓被后人誉为河东的著姓望族。据笔者看，这并不是因为关姓始祖的声望形成的，而是关羽的威名所致。从三国以后，关羽威灵显赫，声名日振，他的这个氏族在当地自然会被刮目相看，提高了社会地位，成为天下的著姓望族。

关羽的父祖

关羽成名之后，在他的本传里没有关于他祖父、父亲、妻子的记载。但是，在清人于康熙年间编写的《关圣帝君圣迹图志全集》里，却有了详细的介绍。先是提到了他的祖父：

圣帝祖讳审，字问之，号石磐，生于汉和帝永元二年庚寅（90）。居解梁常平村宝池里五甲。公冲穆好道，研究《易传》《春秋》，见汉政蛊，戚畹长秋，互窃枋柄。隤戎索（按：指法政）火德灰寒，外枯中竭，绝意进取。去所居之五里许，得芬场一片净土，诛茅弦诵，以《春秋》《易》训子，数十年谢尘市轨迹，至桓帝永寿三年丁酉（157）卒，寿六十八。葬于条山之麓。

又提到了他的父亲：

圣帝父讳毅，字道远，克缵父石磐公之学，笃孝有至性。及父卒，即具窀穸（zhūnxī，墓穴）于所著读书处，仍先志也，躃踊（bìyǒng，屈腿跳跃）号泣，庐墓终丧，至桓帝延熹二年己亥（159）始归故居焉。

清人冯景在《关侯祖考记》中曾写道：

予尝慨汉寿亭侯生而忠贞，没为明神，庙貌遍宇内，血食绵千古，而其祖、若考名氏独阙轶，侯在天之灵，必有虩（xì，悲伤）然隐痛者，予每遇河东博闻之士，必周咨之，不可得。（《山西通志》卷九《关帝世谱》）

由冯景这段话可以看出，在清代康熙以前，关羽的祖考名讳是阙轶的，谁也不知道个究竟。冯景从"河东博闻之士"中百般探询，也没有能够得到什么可靠的回答。但是，在康熙十七年（1678）却意外地发现了有关资料。冯景在他这篇文章中对这一发现有详细记载，并提出了关羽祖父、父亲的名讳。而他的这些材料来源是王朱旦的《汉前将军壮缪侯关圣帝君祖墓碑记》。王朱旦在康熙十七年（1678）时任解州州守。这篇碑记是他于当年写的。他首先记叙了关羽祖考的情况：

　　帝祖石磐公，讳审，字问之，以汉和帝永元二年庚寅（90）生，居解梁常平村宝池里五甲。公冲穆好道，研究《易传》《春秋》。见汉政蛊，戚畹（按：外戚）长秋（按：宦官），互窃枋柄（按：即权柄）。陨戎索，火德灰寒，外枯中竭，绝意进取。去所居之五里许，得芬场一片净土，诛茅弦诵，以《春秋》《易》训子。数十年绝尘市轨迹。至桓帝永寿三年丁酉（157）终正寝，寿六十八。子讳毅，字道远，笃孝有至性。仍先志，具宼窆于所著读书处……道远公庐墓号踊，终丧归村居，已为桓帝延熹二岁（159）。明年庚子（160）六月廿四日生圣帝……稍长，娶胡氏。于灵帝光和元年戊午（178）五月十三日生子平……

　　王朱旦在这里将关羽的祖考、关羽的生辰年月及其妻、子的情况都述说得非常清楚。但是，这一手材料他是怎样掌握的呢？他继续写道：

　　康熙十七年戊午（1678），常平士于昌肆业塔庙，即道远公之旧居也。昌醇笃，昼梦帝呼，授"易碑"二大字，督视殿西物，急白郡，寤而就焉，有浚井者，得巨砖，字颇断裂。昌急合读，即帝考奉祀厥考之主，中纪生死甲子，并两世字讳大略。因循山求墓道合券，奔告郡守。郡守王朱旦愬（nì，忧思）然曰：旦于丁酉（顺治十四年，1657），旅宿涿，梦帝揖迎。昇巨觥曰：“烦椽笔叙生平。”又顾周将军仓曰：“已极醉，须疾扶，勿致伤。”次日遇客邀饮，醉坠马，触巨石无恙，因为《关帝论》一篇。今忽守此，合诸于所陈，则关帝前谕，殆欲表其先茔欤……谨蒐轶迹，书勒丰碑。（《关圣帝君圣迹图志全集》卷之一）

原来，王朱旦的材料来源于常平书生于昌的一个梦。于昌梦见关羽授给他“易碑”两个大字，并告诉他将浚井中得到的巨砖赶快报告给解州郡守。因此，当时担任州守的王朱旦便得以看到这块残砖。而且，王朱旦又说：他在清顺治十四年（1657）旅居河北涿地时，曾梦见关羽给他酒喝，并劳烦他为自己叙述生平。他因此写过一篇《关帝论》。王朱旦将前后两个梦合起来一思忖，便写了这篇洋洋大观的文字，刻石立碑。于是，王朱旦便回答了冯景长期咨询而没有结果的疑问，补上关羽家世中的一大遗漏。

于昌的梦是荒诞不经的，王朱旦的梦也是滑稽可笑的。关羽这段家世阙逸达 1500 年之久，关羽如果真是在天有灵，而且，他的威灵异常，为什么不早早地托人叙述，而要等到这个时候，通过一个书生、一个州官来实现？实在不可理解。

无疑的是，王朱旦杜撰了一个动人的故事，至于他出于什么动机，那就很难说了。对他所写的那些很离奇的东西，尽管刻于碑石，流传于世，人们还是不大相信。在清代就有人提出过怀疑。

康熙二十四年（1685），四川遂宁进士张鹏翮出任河东盐运使，距王朱旦那篇《汉前将军壮缪侯关圣帝君祖墓碑记》仅七年时间，应该说是可以了解王朱旦所写的一切的。他在《关帝祖茔辨》中就提出了疑问，他说：

有石磐沟，山势围环掩映，因名黑峪怀。耆老传有关圣祖茔。芟辟荆榛，创置祀田，每清明日，遣教官致祭。噫！敬侯而及其祖，可谓礼以义起者矣。然其题神道曰关帝祖，而不著其讳，以无可考也。无可考而阙之，礼也……康熙戊午，解守王朱旦因于昌梦获瓦篆，遂为侯祖考，传名讳，纪生卒，用以续志。呜呼！无所考证而曲为之说……《史记》称：高帝之父曰太公，则失其名也。母曰刘媪，则失其姓也。司马迁修昭代之史，尚不知名氏，今去季汉千五百余年，无文献足徵，而为侯祖考，臆加名讳，不亦诬乎？或曰：彼盖徵之梦也。予曰：梦，幻境耳。彼如曰神有所托梦中，亦止云，视殿西物耳，未尝曰，吾祖考主也。瓦篆云：石磐隐士，讳审，字问之。男毅供，未尝书姓也；何以知其为关氏主？未尝书关帝名也，何以知为关帝祖考……此碣不书其先世讳字，而冠侯之爵于上，则此碣亦非古也，乌足据哉！（《解梁关帝志》卷之二）

张鹏翮提出的这些质疑，并认为王朱旦所叙述的事实是无根据的，论辩是有道理的。紧随着张鹏翮提出质疑的还有康熙三十一年（1692）出任解州知州的贵阳人江闿。他亲自找到当时尚在世的发现巨砖的书生于昌当面询问，并查询了其他有关情况，随后写了一篇《汉寿亭侯父祖辨》。他在这篇文章中写道：

予于康熙壬申（1692）冬来守是邦。越二年，甲戌（1694）八月，公事稍闲，作崇宁宫碑及常平寝殿记。因考公之先世。先是康熙戊午（1678）州守王朱旦以于昌一梦一砖，遂执残砖所见字，指为公之父祖讳。甲子（1684）、乙丑（1685）间，张运使鹏翮诣庙辨之详矣。予乃传至于昌，问其故。昌曰：戊午夏，昌昼梦关某手书"大易"二字，且云：汝视殿西为何物？既觉，殿西适浚井，得碎砖。砖有字画。辩辕（拼凑之意）验之，左偏字五曰：生于永元二；右偏字三曰：永寿三；中十七字曰：先考石磐易麟隐士关公讳审字问之灵位；旁有字三曰：男毅供；砖背字二曰：道远。昌因州吏目致之王州守。守指屈年号，谓即关祖若父。云其砖楷书，守挟之去。今盐池巡检（按：河东盐池清代有三个巡检司。盐池巡检司为其中之一。其驻地在常平村近处）王闿久官兹土，并传至，备询之。闿曰：王州守在官，闿犹未至。闿至自庚申（1680）。比奉张参议大本修石磐沟墓，掘地得旧碑于墓所。碑亦楷书，刊"汉寿亭侯关公祖考石磐公之墓"，但无建碑岁月，建碑人姓氏。潘州守天植故书"关圣帝君祖墓"，参议公闻而非之，寻复如旧……石磐字砖与碑合，是关氏实有其人，即疑道远为毅之字似矣。独残砖上初无关某祖、关某父之说，及碑出，亦未备载某代某年几世孙立石，安知同姓中别无其人，安知所遗楷书无岁月一碑，不由于后世之穿凿传会者造作哉？辄臆断为某之父若祖，其谬实甚！……盖自汉迄今若而年，前贤概未之及；一旦引无稽之名讳而实之，考古者固如是乎？君子曰：阙文可也，存疑可也，可杜撰乎？（《解梁关帝志》卷之二）

应该说，江闿的考辨文章比张鹏翮的文章更为有理有据。因为他当面询问了残砖发现者于昌，掌握了残砖上所写的总计三十个字的情况，还了解到在石磐沟发现墓碑的情况。所以，他便将王朱旦以残砖上含义不明的字论定为关羽父祖名讳是"臆断""杜撰"，是很荒谬的。

张鹏翮和江闿的文章，实际推翻了王朱旦托名关羽"烦椽笔叙生平"的作伪。王朱旦将这一重大发现仅写进《汉前将军壮缪侯关圣帝君祖墓碑记》，而不上报朝廷，说明对此他是心虚的。

到雍正年间，礼部还讨论过此事，据《山西通志》卷九《关帝世谱》记载：

至冯氏（按：即冯景）所记祖、父名字，本之知
州王朱旦祖墓碑。而墓碑已为张文端公鹏翮所疑。雍
正中，礼部议亦以《图》《志》名字不可信，照文庙匹
配孟子父称先贤孟孙氏例，止书爵号，不著名字。

所以，在《山西通志》关羽世系中，其曾祖、祖、父
仅书写了后世的封爵号：光昭王某、裕昌王某、成忠王某，
而没有书写他们的名字。

但是，尽管如此，王朱旦关于关羽祖父、父亲的名讳
的书写，还是被后人大量引用、传播。《关圣帝君圣迹图志
全集》《解梁关帝志》的作者，《关侯祖考记》的作者冯景
等等，都是以王朱旦的文字为根据的，而且是肯定的。

还有一个问题，就是于昌发现残砖是否属实？根据王
朱旦和江闿记叙的情况分析，残砖是可能有的，残砖上也
确有一些残缺不全的字。因为，如果没有发现残砖，作为
一个普通读书人，于昌没有胆量去惊动、欺骗州官，而且，
州官也不会相信他。只是于昌在向州官王朱旦报告残砖时，
他顺便编造了关羽托梦的故事，把这件事神秘化了。使一
个来历不明、不知是谁家物、须进一步考究的东西，被王
朱旦武断论定是关羽家的，并且，他也杜撰了一个关羽托
梦的神话。于昌和王朱旦共同在一块出土残砖上做文章，
编造了一个离奇的故事。这就是残砖面世后逻辑发展的
轨迹。

笔者在这里不厌其烦地引证前人的文字，目的在于让

读者了解关羽父祖名讳问世的前前后后，去做出自己的辨识。因为在康熙十七年（1678）之前，在关羽父祖名讳问题上，本是风平浪静的，世人并没有多少论说，待王朱旦一篇《汉前将军壮缪侯关圣帝君祖墓碑记》问世之后，世间却众说纷纭了。时至今日，还有人信以为真，据以传播，让这种不足信的谬误当作事实流传下去，实在是有违历史真实的。

○
○

关羽的子孙

关羽的子孙、后裔情况如何呢？

据史载：关羽生有二子，长子关平，也是一员骁将，成年之后，跟随关羽征战沙场，于汉献帝建安二十四年（219）与关羽同时遇害。有一种传说：关平是关羽收养的义子。这种说法不可信。陈寿在《三国志》里提到关平是关羽之长子。次子关兴，字安国，随刘备在蜀，很受诸葛亮的器重，任侍中、中监军。关兴有子名关统，官至虎贲中郎将，又有庶子关彝。

另外，传说关羽还有一个儿子名关索，在正史里没有提及，仅见于《三国演义》（第八十七回）诸葛亮发兵征伐蛮王孟获时：

忽有关公第三子关索，入军来见孔明曰："自荆州失陷，逃难在鲍家庄养病。每要赴川见先帝报仇，疮痕未合，不能起行。近已安痊，打探得东吴仇人已皆诛戮，径来西川见帝，恰在途中遇见征南之兵，特来投见。"孔明闻之，嗟讶不已；一面遣人申报朝廷，就令关索为前部先锋，一同征南。

不仅《三国演义》说关索是关羽幼子，曾随诸葛亮南征孟获，在贵州、云南等地还流传有关索的故事和遗址：

> 霸陵桥即关索桥。水从西北万山来，亦合盘江而趋粤西以入海。关索岭为黔山峻险第一，路如之字，盘折而上。山半有关壮缪祠，即龙泉寺。中有马跑泉，甘碧可饮。相传壮缪少子索用枪刺出者。寺内大竹千竿，青葱可爱；寺外道旁有哑泉，今已闭。碣曰：亘古哑泉。西巅即顺忠王索祠。铁枪一株，重百余斤，以镇山门。按陈寿《三国志》，壮缪长子平，从死宁（临）沮之难。次子兴，为侍中，数年殁，未闻有名索者。意者建兴初丞相亮南征，从者其索乎？有功于黔，土人祀之。黔人呼父为索，尊之至以父呼之耶！相传索从亮南征，为先锋，开山通道，忠勇有父风。今水旱灾疹，祷之辄应，故血食千古。一路至滇，为关索岭者三，而滇中也有数处，似为壮缪子不谬也。或谓关锁岭之讹……诚为千载疑案。（《关圣帝君圣迹图志全集》增集）

这段文字，是香港陈铁儿先生引自《黔游记》。《黔游记》的作者是清代的陈鼎。在他之前，明代的著名旅游家徐霞客的《黔游日记》对此也有文字记叙：

  ……望之而下，一下三里，从桥西度，是为关岭桥。越桥，即西向拾级上，其上甚峻。二里，有观音阁当道左；阁下甃石池一方，泉自西透穴而出，平流池中，溢而东下，是为马跑泉，乃关索公遗迹也。阁南道右，亦有泉出穴中，是为哑泉，人不得而尝焉。余勺马跑，甘洌次于惠，而高山得此，故自奇也；但与哑泉相去不数步，何良楛之异如此！由阁南越一亭，又西上者二里，遂陟岭脊，是为关索岭。索为关公子，随蜀丞相诸葛南征，开辟蛮道至此；有庙，肇自国初，而大于王靖远，至今祀典不废。越岭西下一里，有大堡在平坞中，曰关岭铺。乃关岭守御所所在地。

  明、清两代文人都在贵州省境内游历了关索岭、关索桥以及与关索相关的马跑泉等遗迹。可见，关索在贵州是颇有影响的。

  在《三国演义》里突然冒出一个关索，而且，在贵州、云南等地方又有许多处以关索命名的遗迹。那么，关索是否有其人？有其人是否就是关羽幼子？陈鼎称之为"千载疑案"。笔者认为：关索见于《三国演义》，系小说作家罗贯中的虚构，并非实有关索其人。而云南、贵州等地方有以关索为名的古迹，亦极可能是讹传。因为：（一）如果关索确有其人，而且是关羽之幼子，并且为诸葛亮南征孟获时的先锋，陈寿在作《三国志》时，尽管他对蜀汉存有偏见，还是为关羽其他二子都附记了数笔，为什么独独不记关索？如果说这也是由于陈寿的偏见所致，有点儿说不通。（二）按说，关索既为诸葛亮南征时的先锋，又在那里留有许多的以他名字命名的古迹，可见，他在南征中是功绩显赫的。因此，理应得到蜀汉皇帝刘禅的赏封，但是，蜀汉史对此没有任何记载，既不记他的战功，也不记对他有什么赏封。（三）后世官方所作的关羽三代谱系，如《山西通志》的《关帝世谱》，也仅仅有关平、关兴而不提关索。只有关氏后裔所修纂的《关氏家谱》中序列了关索。这种序列，笔者认为极可能是受《三国演义》的影响。

据说，在关羽水淹七军时被关羽杀死的魏将庞德的儿子庞会，后来随邓艾、钟会进军灭蜀以后，为报父仇，将关氏在蜀家族杀尽灭绝。所以，后人说从关羽开始，关氏仅三代。但是，北魏关朗、唐代关播都称是关羽之后裔。这两个人都被一些关氏后裔修撰的《关氏家谱》录入，甚至有人如《解梁关帝志》的编撰者都说关朗是关彝之子。运城市西古村的《关氏家谱》亦列关朗是关彝之子，为四十代，这是不可能的。因为，关彝在蜀汉末亡时是在公元263年前后，而关朗是北魏孝文帝（471—499）时人，两人相距两百余年，怎么可能是父子关系？

关氏家族没有绝灭，这应是事实。因为即使庞会将在蜀的关氏族人杀绝，在关羽原籍还会有关氏存在。山西省运城市西古村关氏后裔繁衍至今，就足以证明。

对于关氏后裔撰修的《关氏家谱》中关羽的父祖名讳、子孙如关索者，清以前官修的志书都持谨慎态度，没有正式引用。但是，对关氏较远的后人却又逐渐承认，并授予世职。清雍正四年（1726）授予解州关羽后裔五十二代孙关居斌为世袭翰林院五经博士。雍正六年（1728）五十三代孙关世（一为运）隆袭。乾隆二十二年（1757）五十四代孙关金钟袭。乾隆五十三年（1788）五十五代孙关国选袭。嘉庆十六年（1811）五十六代孙关兆庆袭。道光二十年（1840）五十七代孙关恩绍袭。同治十二年（1873）五十八代孙关绳武袭。此外，在洛阳和荆州也授予关羽后人翰林院五经博士世职。（参见《山西通志》卷九《关帝世谱》）

第二章

英雄少年

东汉桓帝延熹三年（160），关羽出生于河东郡解县宝池里下冯村（今山西省运城市盐湖区解州镇常平村）。在这里，他度过了青少年时期。尽管是青春年少，关羽已显示出他不同于一般人的个性。

关羽出世

关羽的生辰，在陈寿撰的《三国志·关羽传》里没有记载。康熙三十二年（1693）刊行的《关圣帝君圣迹图志全集》说他出生于东汉桓帝延熹三年（160）六月二十四日。光绪十八年（1892）付印的《山西通志》也采用这一说法。而乾隆二十一年（1756）刊印的《解梁关帝志》则说他出生于五月十三日，或说六月二十二日。清人梁章钜在《归田琐记·三国演义》中也说他生于五月十三日。还有说关羽生于戊午年戊午月戊午日戊午时，即所谓"四戊午"生，也就是汉灵帝光和元年（178）。在这四种说法中，"四戊午"生是最不可置信的，它是星相家的故弄玄虚。前人对此说大都不认可。《三国志集解》引梁章钜考证认为：如果按这一生辰计算，关羽与刘备、张飞在汉献帝初平元年（190）相识于涿郡时，仅十二岁，那是不可思议的。至于另外三个生辰，年代相同，月日则相差无几。只是，解州当地群众长久以来认定六月二十四日是关羽生辰，至今沿袭，每到这一天，都要举行庙会、祀奠活动。因此，在诸多说法中，关羽生辰为东汉桓帝延熹三年（160）六月二十四日是较为可信的。

关羽的出生，本来是极平凡的事，但是，由于他后来成为一代名将，封侯、封王、封帝、成神，显赫于世，因此，便演绎出许多故事来，主要有两个方面。

一是说风水宝地育生了圣人。如《关圣帝君圣迹图志全集》卷之一云：

> 其地（按：指关氏祖茔）适当条（按：指中条山）之至中。群峰交拥，势驰万马，咸整整列，无乱颜行，左旗右鼓，俯瞰解池，盘旋襟带，山灵发祥，笃生圣帝，非偶然也。

这是说关氏祖茔占地风水好。关羽的降世，并非偶然的事。又如《解州全志》卷十六说：

> 圣（按：指关羽）为解产。解地逼近中条、涑水。醢海（按：指运城盐池）回环绾结，而又大河绕外，砥柱当中，山雄水阔，地脉钟灵，亘千古而生圣一人。其雄劲阔达，岳峙渊亭，适与山川形势相肖。

常平关庙

这是说，解州山雄、水阔、地灵，从而孕育出这样一位千古圣人。

二是说关羽生来就是非常之人，他是很有来头的，是上界的青龙君降世。解州一带民间传说：关羽本是天界的青龙君，负责巡视下界的冀州。后来，由于蚩尤的精灵在盐池作乱，惹恼了天帝，他不辨青红皂白，便决定从正月十五日起施放天火三天，以惩罚解州地面的生灵。一天，青龙君在解州境内巡视，看见一个青年妇女怀里抱着一个大孩子，手里拖着一个小孩子在路上行走。他认为这是乖于常理的事，便上前询问起来。那妇女告诉青龙君：小孩子是她的亲生儿子，大孩子是她故世的兄嫂遗留由她抚养的孩子，因此，格外地疼爱一些。青龙君听了十分感动，认为这里的人十分纯朴、善良，便生发了恻隐之心，就告诉了那个妇女即将施放天火的事，让她从正月十五日晚上开始，连续点火三个晚上，可以避免灾祸，并再三告诉她天机不可泄露。谁知，那个妇女心地很善良，认为不能只管自己一家，而置邻里乡亲的生命财产于不顾，便把这个消息告诉了当地群众。于是，从正月十五日到正月十七日，解州群众就燃火三天避灾祈福。后来，天帝知道是青龙君泄露了天机，犯了天条，一怒之下，便把青龙君贬降到人世来；关羽就是青龙君托生的。还有文字记载说：

> 汉桓帝延熹三年（160）庚子六月廿四日，有乌龙见于村，旋绕于道远公（按：道远公即关羽之父）之居，遂生圣帝。异哉！犹之二龙绕室，五老降庭，生孔子也。（《关圣帝君圣迹图志全集》卷之一）

把关羽降生的乌龙出现，与孔子出世的"二龙绕世，五老降庭"相提并论，是说，这文、武二圣人都是来历不凡，生而异常。

解州每年正月从十五日到十七日，要连续闹三天红火，便是由这个传说生发而来的。

无论是风水宝地出圣人，还是关羽为青龙君降世，都属于无稽之谈。这是关羽成名显世之后，世人借助封建迷信的风水思想来解释他的出世，并神化他有不平凡的来头以昭示世人，与许多宣扬历代封建皇帝是"真龙天子"降世如出一辙。而且，这样人为的传说与许多年以后，又人为地将关羽封帝封神是前后呼应、因果互照的。

其实，关羽的出世是很平凡的，他以后的成名、显赫，有其历史的、社会的、个人的诸多原因，绝不是"命中注定"的。

○
○

生逢乱世

关羽出生的时代，是中国社会由相对稳定而走向长期动乱的时代。

刘邦创建的西汉政权延续了二百年以后被王莽的新莽政权取代。但是，由于社会矛盾的尖锐、阶级斗争的激烈，整个国家犹如一个火药桶，一触即爆。坐在火药桶上的王莽的政权是短命的，很快就被轰轰烈烈的绿林、赤眉农民起义推翻了。尽管英勇的农民起义军打击了封建统治，推翻了王莽政权，获得了辉煌的胜利，但是，胜利的果实却没有落到农民起义军手中，而被西汉的宗室、南阳大地主刘秀篡夺了。公元25年，刘秀登上了皇帝宝座，建立了东汉政权。

光武帝刘秀是大地主、大豪强势力的代表。他在结束了一场动乱以后，加强了中央集权的专制体制，从而稳定了封建统治秩序，使得东汉政权在一个相当长的时期内能够有效地控制全局。但是，东汉政权的阶级基础是豪强、大地主集团。在这个集团中，上层豪强势力的政治代表是外戚，他们要把持和独享政治权力。而下层豪强势力，则以宦官为他们的政治代表，要求分享政治权力。因此，在东汉初期中央政权相对稳定的时期，外戚和宦官两个代表各自利益的集团，就经常出现矛盾、冲突、斗争。到汉章帝刘炟去世，汉和帝刘肇继位以后，封建统治集团内部矛盾日益尖锐，外戚和宦官交替专权。而在两个集团之外的士大夫官僚集团，也卷入了这场斗争。为了掌握中央政权，各势力集团你争我夺，血腥残杀，因此，政治日趋黑暗、腐朽，社会也日益动乱不安。地主阶级的残酷剥削也使农民阶级与地主阶级的矛盾愈来愈尖锐。黑暗的政治统治、残酷的经济剥削下，广大农民生活在水深火热之中，不能再忍受下去，于是，便纷纷举行武装起义。从汉安帝到汉灵帝的七十余年间，"见于记载的农民暴动，大小合计将近百次。至于各处的所谓'春饥草窃之寇''穷厄寒冻之寇'更是不可胜数。那时，农民中流传着一首豪迈的歌谣：'小民发如韭，剪复生；头如鸡，割复鸣。吏不必可畏，民不必可轻！'这首歌谣极其动人地表现了东汉农民前赴后继地进行斗争的英雄气概"（翦伯赞：《中国史纲要》第1册第190页）。风起云涌的农民暴动，虽然一次又一次被东汉统治集团镇压下去，但是，农民起义却动摇了东汉政权的社会基础。不久之后，历史上规模空前的黄巾大起义爆发了，东汉王朝被彻底瓦解。

关羽就是在这样一个朝政腐败、社会动乱的年代里出生的。在社会动乱的生活环境里，年幼的关羽必然会受到影响，他的身心被烙上时代的印记，从而影响到他以后的成长与发展。

○
○

家庭出身

关羽的家庭出身，正史里没有任何记载，但是，民间传说却很多。

第一种说法，关羽的家庭是书香门第，他的父亲是读书人，因此，关羽从小读过书，又习过武。他读书的地方，一种传说是在一位姓胡的私塾先生家里，他后来娶的夫人就是胡先生的女儿胡玥。这胡先生及其女儿胡玥均为民间传说，未见于正史。另一种传说是在解州城里。关羽每天去解州上学要经过一个叫五里堆的地方。有一天，他又走过五里堆时碰见一条大蟒。那大蟒经常伤人。关羽为了助民除害，就直奔大蟒，抓住了它的尾巴用力一抖，大蟒便变成了一把宝剑；但是，剑在鞘中却拔不出来。而宝剑上刻有一行字："遇有济民之时，剑出。"从此，他便将宝剑带在身边，朝夕不离。

第二种说法，关羽的父亲是卖豆腐的，他也曾帮助父亲卖豆腐过日子。

第三种说法，关羽家里很穷。关羽的祖父给财主家当长工，有一次他上中条山干活，不幸摔死了。当地风俗，死在外边的人是不能运回村里的，因此，关羽的祖父就地埋在了中条山上，这就是关羽祖茔在中条山上的起因。到关羽这一代，家里还是很穷。关羽在解州城里给一户蔡姓地主当过长工。

第四种说法，关羽是铁匠出身，属于农村的手工业艺人，靠走村串巷打制小农具糊口。1965年11月25日当代著名历史学家、文学家郭沫若在参观解州关帝庙后题词说："传说关羽是铁匠出身，在乡曾打死欺压良民的恶霸，这个故事颇有阶级斗争的意义，这可能不是虚构。从这个角度上，我对于这位古人可以表示敬意。"

这种种传说的一个基本共同之处是：关羽的家庭不是有钱有势的富贵人家，即使说是书香门第，也不显赫，而是农村的贫苦百姓，属于社会的底层。同时，根据关羽熟悉《易传》《春秋》，而又武艺高强来看，他在青少年时期是读过书，并练习过武功的。这在农村是很正常的现象。大概正是因为关羽出身穷苦，接触了东汉末期阶级矛盾尖锐、社会动乱中的普通老百姓受苦受难的严酷生活，又接受了儒家思想的熏陶，所以，在青少年时代，就显示出他心怀正义、刚正不阿、好打抱不平的性格，惹出许多是非来，以致杀人出逃，亡命在外。

○
○

悯冤除霸

关羽在他的故乡度过了少年时代，年长后与他的老师胡先生的女儿结婚，生子关平。约在十九岁时，由于杀了恶人，而后逃亡他乡。

陈寿在他的历史巨著《三国志》卷三十六《蜀书·关羽传》里曾写道，关羽"亡命奔涿郡"。虽然寥寥五个字，却隐约道出他是改名换姓，逃亡在外。

在《三国演义》中，罗贯中让关羽自己道出了亡命在外的原因。

> 吾姓关，名羽，字长生，后改云长，河东解梁人也。因本处势豪，倚势凌人，被吾杀了；逃难江湖，五六年矣。今闻此处招军破贼，特来应募。（《三国演义》第一回）

《三国演义》里所写的是虚虚实实，既不全是史实，也不是纯属虚构。关羽自白的这一段话，笔者认为是实写，而不是虚拟。

史书和演义小说提供的关羽"亡命"的事实是有所据的。关羽的确是因为在本乡杀了豪强而后改名换姓逃亡在外，辗转到了涿郡的。

关羽在本土解州杀人的传说也有好多种版本，这些传说不仅在当地群众中广为流传，而且，还出现在有些戏剧、平话本中。

传说之一：关羽在解州城里蔡家当长工时，因为看到蔡家地主仗势欺人，无恶不作，就杀了蔡氏一家，然后逃亡。

传说之二：解州有州官臧一贵，看到东汉末年群雄四起，天下大乱，便也想起兵造反，称霸一路。他听说关羽勇猛过人，便把关羽请到州衙，共商大事。关羽听说臧一贵要造反，就仗剑刺死他，然后出逃。这个传说被演绎到元杂剧《刘关张桃园三结义》里。

传说之三：关羽由于年少气盛，经常在外惹事，被他父亲锁闭在后园一个空房子里。一天晚上，他越窗逃出，听到墙外有个女子哭得十分悲伤，还有一个老汉陪着哭泣，关羽便过墙询问。老人说：他这个女儿已有婆家，但是，本县县尹的舅爷却要强娶他的女儿为妾。老人告到县衙，却被县尹痛骂了一顿。父女俩走投无路，因此啼哭。关羽听说以后，怒火中烧，便仗剑闯进县衙，杀了县尹和他的舅爷后出逃。这个传说被清代文人梁章钜写进了他的《归田琐记·三国演义》中。

传说之四：关羽喜欢读《春秋》，每看到乱臣贼子、贪官污吏便恼恨。解县县官贪得无厌，掠夺群众财物，祸害百姓，因此，关羽就把县官杀了，亡命逃遁。这个传说见于元代刊行传世的话本《三分事略》和《三国志平话》。

传说之五：解州城内有豪强吕熊，是当地一霸，被人称为熊虎员外（或勋护员外）。他勾连七姓富豪，目无法纪，为所欲为，欺压百姓，掠夺民财，奸污妇女，无恶不作。有一天，关羽遇到一个名叫韩守义的人，向他哭诉自己被吕熊凌辱、女儿被霸占的事。关羽眦裂发竖，而他在五里堆得到的那把宝剑也自动出鞘了。关羽情知这是"济民"的时候到了，便让韩守义领路，挥剑斩杀了七姓家族中的一百零八人，然后，他潜逃于外。这个传说在众多的传说中是流传最广，而且较普遍被群众认可的。它被《关圣帝君圣迹图志全集》《解梁关帝志》等书所采纳。

演义小说与民间传说的不同叙述的共同点是，都认为关羽是杀人出逃在外的。而史书《三国志》的记载虽然没有点明，却也隐含着这层意思。因此，可以肯定地说：关羽的亡命是由于他在本乡杀了人。

从关羽杀人的种种传说中还可以看出，他杀戮的对象，一是贪官污吏，二是地主豪强、恶棍之流。这些人都是社会上倚仗权势称霸、作恶一方的丑类，是被普通老百姓所仇恨的，诅咒的，欲除之而后快的。正因为如此，群众才演绎了关羽杀人的不同传说，反映了老百姓的不同心态，他们把铲除社会丑恶的希望寄托于侠义之士，而关羽正是这种侠义之士。

由于关羽的杀人之举不是仇杀，不是情杀，也不是为个人某种欲望、私利的凶杀，而是仗义杀人，除暴安良。因此，虽然第五种传说说他杀人很多，连诛吕熊七姓一百零八人，老百姓还是非常赞赏他的行为，称誉他为义士，褒其行为是义行，而不责备他是滥杀。

可以看出，关羽在青少年时代，就是一个性情刚烈、疾恶如仇、富于正义感、敢作敢为的人。这种性格的形成，是源于他出身贫寒和在社会底层的生活经历。他耳闻目睹了普通老百姓种种痛苦、悲惨的遭遇，使他能在关键时刻挺身而出，仗义拼命，做出了一些豪壮义烈的事迹。

关羽在杀人后，便离开本土而逃。在逃亡途中，发生了他易姓的事。清人梁章钜在他的作品《归田琐记·三国演义》中写了关羽的这段经历：

> 至潼关，闻关门图形捕之甚急，伏于水旁，掬水洗面，自照其形，颜已变苍赤，不复认识。挺身至关，关主诘问，随口指关为姓，后遂不易。

关羽本不姓关，他姓"关"的来由是在他逃亡中，出潼关时，"指关为姓"而变易的。潼关在黄河以南的陕西境内，地当秦、晋、豫三地要冲。

在河东民间还有一种传说，说关羽出关的"关"，不是潼关，而是大庆关。

大庆关又名蒲津关，在汉代名临晋关，宋代改大庆关，位在秦、晋两省分界处。

而河北涿州一带民间则传说，关羽出关的"关"是紫荆关。紫荆关在宋代名为金坡关，位于河北易县紫荆岭上，为进入河北平原的重要关口。

这些传说说明关羽逃亡出关"指关为姓"的故事，流传极为广泛。

关羽的故里解州，距潼关和大庆关距离较近，步行也仅只是一天多的行程；而距紫荆关则甚远，需步行十多天方能出关。因此，笔者以为，关羽出逃，极可能是走潼关或大庆关这一路，而不会是紫荆关。

按当时当地关羽的处境来说，他面临官府的搜捕，各重要关隘渡口，都挂着他的图形，因而十分危险，为了脱身，逃出虎口，在遇到把守关隘的官兵盘查时，"随口指关为姓"，是合乎情理的，也是他情急生智、反应敏锐的智慧表现。从此，关羽便以"关"为姓，扬名于世，而他的本姓却被人们遗忘了。

梁章钜在《归田琐记·三国演义》中记述的这个故事，可能也是采自民间传说。在解州，民间传说关羽出逃、指关为姓的情节与此完全一致，而且更为神奇、生动、多彩。

民间传说说关羽在出逃途中，眼看后边的追兵来了，便躲到了一座桥下，正好，桥下有一位老妇人在洗衣服。那位老妇人是观世音大士化变的。她指点关羽将鼻子打破，用鼻血涂红了脸，拔下头发粘到嘴唇上。待到追兵来到桥头时，看见的是一个红脸长髯汉子，而不是他们要追捕的白面无须青年，所以，追兵便不在意这个红脸汉子。关羽在观世音大士帮助下，骗过了追兵，并混出了潼关。后来，关羽到黄河边掬水洗脸上的血迹，黄河水本来是清的，关羽洗来洗去，把黄河水都洗浑了，变成了黄色，关羽脸上的血迹也没有洗净，那粘在嘴唇上的头发也拽不下来了。从此，关羽就成了赤面长髯的汉子。

民间口头的这种传说，当然是附会，也是继关羽是上界青龙君降世神化之后的又一种对关羽的神化——不幸落难，神人搭救。对民间的这种无稽的传说，且不可小看了它的影响。罗贯中在《三国演义》第一回里描绘关羽的形象时便写道：

> 身长九尺，髯长二尺，面如重枣，唇若涂脂；丹凤眼，卧蚕眉；相貌堂堂，威风凛凛。

罗贯中的这段描写，基本上给关羽的形象定了型。后世所见到的关羽形象，无论是绘画、雕塑、戏曲、文学作品，都是这个样子。

罗贯中是山西太原人，生活于元末明初。他很可能听到过关羽出逃经过的传说，因此，他在着笔之际，受民间传说的影响，并且更着意勾画，为关羽绘了像。当然，戏曲舞台上的关羽形象，也可能影响到他的创作，而戏曲舞台上关羽形象的最初创造，也极有可能源于民间传说。

关羽形象的另一传说是他脸上有七颗痣。清人说：

> 都城旧有帝像，言先朝从大内（按：指皇帝宫廷）出者，其面色正赤，面有七痣，鼻准二痣尤大。须髯则稀疏而满颐，非五缕也。未知真否。（《解梁关帝志》卷之一）

在解州关帝庙内有"关圣遗像碑"。碑上的关羽形象与都城里的关羽形象有共同之处，《解州全志》卷十一《古迹》载：

在西门外庙内，相传为关圣五十三岁真容，汉建安年间所写。面有七痣，须髯则稀疏而满颐。海内敬奉摹拓，日不暇给。旧碑模糊，乾隆二十七年（1762）知州言如泗重摹上石。州库内藏汉寿亭侯玉印，玉质斑驳，篆文古劲，与石刻并重云。

这通石刻像为坐像。碑高1.16米、宽0.64米，未著刻石年月。乾隆二十七年（1762）言如泗重刻时，是照原拓片摹刻，也未著年月。此像是否是建安十八年（213）关羽五十三岁时写真，尚属疑问。石上除绘像外，右上方尚有记叙文字，与上边的引文内容相同。

此先圣五十三岁遗像，藏于解庙，相传至今。面有七痣，须髯稀疏而满颐。瞻仰之下，肃然生敬焉。

石刻右上方为赞词：

今古浩然，正大刚毅。
山西一人，并立天地。
像存故乡，惠千万祀。

此石刻像现存于运城市博物馆。该馆尚收藏有"关圣帝君像"石刻碑，碑高1.16米、宽0.58米，这是一尊骑马提刀像。较前一尊坐像尤为生动。原刻石时间没有记载，因此，它原成像镌刻时代就不可考了。现在的这块石刻碑是在1922年重新摹刻的。石像正上方还刻有"汉寿亭侯印"。下方为赞词：

> 义存汉室，致主以忠。
> 春秋之旨，独得其宗。
> 天地合德，君师同功。
> 圣神文武，百世所崇。

关羽遗像碑在其他地方也有，而且还有木刻版画像。这些像都突出了关羽生而英奇、雄伟壮雅、须髯飘逸、凤眼如炬的神采。

关羽画像在《三国志》卷十七《魏书·于禁传》里曾提到过：

> 建安二十四年（219）……文帝践阼，权（孙权）称藩，遣禁（于禁）还。帝引见禁，须发皓白，形容憔悴，泣涕顿首。帝慰谕以荀林父、孟明视故事，拜为安远将军。欲遣使吴，先令北诣邺谒高陵。帝使豫于陵屋画关羽战克、庞德愤怒、禁降服之状。禁见，惭恚发病薨。

关羽的这幅画像是水淹七军时征战沙场时的形象。关

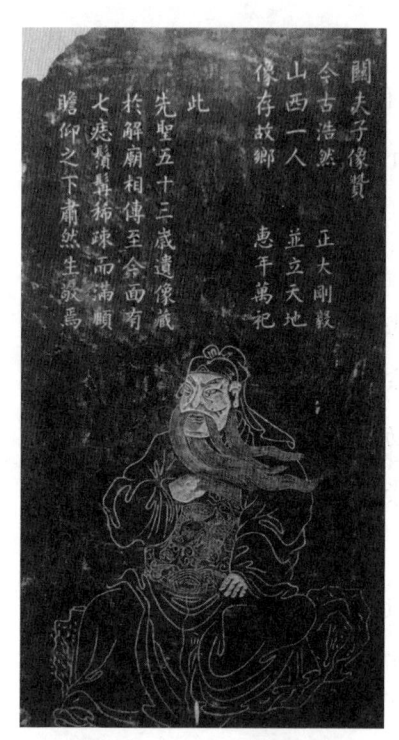

羽当时声名很高，画像可能很逼真，对后世关羽形象也会产生影响。魏文帝曹丕就用这一幅关羽水淹七军时的画像，断送了于禁的性命。

关羽脸上的痣，在面相家看来，大概是一种"富贵"痣，痣有七个，就是大富大贵了！

实际上，后人这种对关羽形象的着意描绘，也是为了给他们心目中的英雄人物添彩。

关羽遗像碑

关羽杀人之后，外逃他乡。但是，他闯的这个祸，却殃及了他的家人。关羽的父母双双投入自家院里的一眼水井里自溺身亡；他的妻子胡氏带着儿子关平逃到娘家避难（又一说是隐居在中条山下避难）。这事，在民间广为流传。后人在关羽父母投身自溺的井上建立了一座塔，被称为塔墓。塔墓在关羽常平村故居前院东侧，现在还保存完好。解州关帝庙里有一通石碑，上面刻有一段文字叙述其事：

关圣于灵帝光和二年己未（179），愤世嫉邪，杀豪伯而出奔。圣父母显忠遂良，赴金井而身死。至中平元年甲子（184），里人为帝有扶汉兴刘之举，遂建塔井上。金大定十七年（1177），又有本社工兴，重加弘峻。凡往来过客，知建其塔，不知其塔为墓者十有八九。即询知其来历者，亦不过揖塔而三叹曰：圣父母其在斯乎，圣父母其在斯乎！

关羽父母投井自杀，就事情发展的逻辑来说，是可信的。他的妻子又避居他乡；他的同姓族人也外逃，移居到运城以北的西古村。关羽本人外逃后也没有再返回故里。所以，他父母的遗体就无人掩葬，而长眠于井下。这从中条山麓被视为关氏祖茔的墓地中仅有其祖父冢而没有关羽父母葬冢，也可以得到佐证。

关帝庙碑记说关羽逃亡离乡的时间是汉灵帝光和二年（179）。这一年，关羽已经十九岁。按照《华阳国志·刘先主传》有关刘备的记载，说刘备在"中平元年（184），从校尉邹靖讨黄巾贼有功，除安喜尉"，关羽这时

金大定时建造的祖宅塔

已追随刘备参加了和黄巾军的战争，再参照《三国演义》中关羽结识刘备时说"逃难江湖，五六年矣"的推论，关羽在汉灵帝光和二年（179）他十九岁时逃亡在外，是比较符合历史实际的。他辗转奔波五六年后与刘备、张飞相遇，从而结束了亡命生涯，开始了他生命历程中新的一页。

第三章

历经磨难

关羽在故乡除恶外逃，从此浪迹天涯。后来，他走到涿郡，在那里结识了刘备和张飞，开始了新的征程。

在关羽生命史中的这一个时期，他历经磨难，承受了各种考验，也给后人留下了许多的故事。

○
○

亡命走涿郡

东汉涿郡（治今河北省涿州市）位于河北平原的中部。今此地与北京毗连，是北京的南大门，位居咽喉，地理显要。这里历史悠久，文化灿烂，地势平坦，物产丰富，商旅云集，市场繁荣。清朝的乾隆皇帝有一次出京下江南途经涿州时，为城北拱极门题写了一副楹联：

日边冲要无双地，天下繁难第一州。

于是，涿州便得到了"天下第一州"的美誉。

关羽在解州故里杀人出逃，流落他乡，到处奔走，有五六年之久。这期间他做了些什么？无从查考。在民间各地都有关羽的种种传说、故事，但是，都没有他生活经历中这一段的故事。这原因是很清楚的，因为，那个时候，关羽还是个无名之辈，隐姓埋名，浪迹江湖，谁也不会注意他，而他也没有做出什么惊天动地的事情。

关羽在各地流落数年之后，在汉灵帝中平元年（184）来到了涿郡。现在，在涿州市民中间还流传着当年他来涿郡的故事，说他推着一辆小车，车上装着他贩卖的绿豆，进了涿郡的粮食市场——水门沟。这说明，他那时还是个小商贩，靠贩卖粮食糊口。从这个故事也可以想象到，关羽在各地流浪的数年，是非常穷困的，靠着做小商贩，也许还干些别的什么营生来维持生活。当然，按照关羽年少气盛、性情刚烈的个性来说，这种生活是迫于无奈的，不能长期承受的。虽然有家却回不得，他只好一路流落下去，等待和寻觅着生活的转机。

在涿郡，关羽结识了刘备和张飞。

刘备是大树楼桑人。大树楼桑在涿郡城南十公里处。这一带一共有五个以楼桑命名的村子：黄楼桑、泰楼桑、楼桑庙、楼桑铺、大树楼桑。大树楼桑是五个村子中的一个。

刘备，字玄德，他是汉王朝的宗室，汉景帝的儿子中山靖王刘胜的后裔。刘备的祖父叫刘雄，父亲名刘弘，都在郡、县任过不大的官吏。后来，家道中落，属于破落贵族。

在大树楼桑一带，流传有许多关于刘备的故事。

民间传说说刘备一家曾流落到四川。他父亲有兄弟三人，他祖父懂得阴阳，能看风水。有一天，这兄弟三个问他祖父，他们这个家还有没有希望发达起来。祖父回答说："你们谁要想发家，就从这里朝北走，什么时候看到牛上房、车上树、脚上穿的鞋有八斤重时，就在那儿落脚，那儿是咱们的老家，在五丈桑有咱们的祖坟，到那里一准能够发家！"

刘备的父亲刘弘就带了妻子，挑了家当，一直往北走。他们夫妻俩一路风餐露宿，不知过了多少日子，才走到涿郡南一个叫泥洼铺的地方，忽然，天下开了大雨。村边有座庙，刘弘两口子就进庙住下来，躲避风雨。

第二天，刘弘夫妇走出庙门，准备继续上路时，忽然发现泥洼铺村北的土坡上有一头牛正在吃草，坡下有个木门。原来那是就着土坡盖的一座房子，吃草的牛正好在房上。他们又看见，在近处的一棵枣树的树杈上挂着一架纺棉花车。"牛上房""车上树"，这情景正好应了他父亲的话。刘弘两口子又走到村里找到一位老大娘，借人家的秤称了一下鞋子，鞋子由于沾了泥，很沉，一称，不多不少，正好八斤半重，也应了他父亲的话。刘弘两口子知道是回到自己老家了，心里好不快活，便向老大娘打听五丈桑，老大娘指点说：就在泥洼铺北边不远处。刘弘两口子就回到五丈桑安了家。五丈桑就在大树楼桑。

刘弘夫妇回到大树楼桑，寄居在一个武职官员人家的碾麦场上的土屋里。刘弘的妻子有了身孕，眼看就要生了。

有一天晚上，涿县知县下乡私访路过这里，看见土屋里有灯光，便走向前去察看。正好，土屋的主人晚间习武也来到了碾麦场上。俩人正待要说话时，便听到土屋里传出一阵婴儿有力的哭声，一个孩子降生了。这个孩子就是刘备。

涿县知县和那位武官听到婴儿的哭声，大大吃了一惊，这孩子出世真是不同一般，有文武官员给他把门，将来必定是大福大贵！

刘弘给儿子起了个乳名，叫兴哥，希望在儿子这一代能够兴旺发达。

在大树楼桑村里的五丈桑下，传说发生过这样一个故事：有一年麦收时节，刘备的母亲将幼小的刘备放在五丈桑下，自己去地里拾麦子。待她拾了多时，装满了一筐子，突然想起孩子会不会被太阳晒着，便慌忙赶回来照看。她到了五丈桑下，只见太阳照在五丈桑上，一动也不动，桑树的浓荫盖着刘备。原来是太阳怕晒着刘备，才静止在天上不移动。而且，五丈桑下还卧着一只母老虎，正在给刘备喂奶。母老虎很通人性，见刘备母亲回来了，便站起来走了；那静止在天上的太阳，也才又飘落向西方。

文武官员把门、太阳关照、老虎喂养，民间传说把未来的蜀汉皇帝刘备的出生、童年构想在一种神秘的气氛中。但是，刘备的童年其实并不幸福。因为，在刘备出世后不久，他父亲刘弘就死了，家境更为困难。他和母亲相依为命，艰难度日。但是，刘备从小就有一种不同于一般孩子的气质。

《三国志》卷三十二《蜀书·先主传》：

　　先主少孤，与母贩履织席为业。舍东南角篱上有桑树生高五丈余，遥望见童童如小车盖，往来者皆怪此树非凡，或谓当出贵人。先主少时，与宗中诸小儿于树下戏，言："吾必当乘此羽葆盖车。"叔父子敬曰："汝勿妄语，灭吾门也！"年十五，母使行学，与同宗刘德然、辽西公孙瓒俱事故九江太守同郡卢植。德然父元起常资给先主，与德然等。元起妻曰："各自一家，何能常尔邪！"起曰："吾宗中有此儿，非常人也。"而瓒深与先主相友。瓒年长，先主以兄事之。先主不甚乐读书，喜狗马、音乐、美衣服……善下人，喜怒不形于色。好交结豪侠，年少争附之。

　　刘备靠同宗人刘元起的接济才能读书，却又不喜欢读书，喜声色犬马，好结交豪侠，他一时成了青少年的领袖。

　　张飞是刘备的同乡，也是涿郡人。

　　张飞的出生地原名桃庄，现在名为忠义店，涿州群众又习惯称之为张飞店。它位于涿州城的西边，距大树楼桑约三公里。

　　张飞，字益德（或翼德）。《三国志·张飞传》对他的家世略而不叙。世间一直传说张飞是屠户出身，这也事出有因，张飞自己做过这样的表白：

世居涿郡，颇有庄田，卖酒屠猪，专好结交天下豪杰。

张飞的这段自白出自《三国演义》第一回，不是正史，但与民间传说相吻合。涿州民间传说说张飞的父亲张老汉家里有一些田地，屋后有一片桃园。除了种田之外，张飞还投师并早晚练习武功，经过名师指点，竟然武艺高强，力大无穷，有万夫不当之勇。加上张飞这人性情豪爽，喜好交游，在涿郡地面上也称得上是一条好汉。

○
○

桃园三结义

在张飞故里，有一眼井，名为"张飞古井"。古井在一个高约三米的台子上，四周有砖砌的围墙，有台阶可以走

河北省涿州市忠义店张飞古井

上去。台子上面是正方形，约有15平方米大小。而且下边已被杂物填塞，舀不到井水。井上有一个约0.5米高石凿的圆形井台，一周都有花纹饰物。井口还有一道道被绳索磨下的深深的痕迹。台子的右侧矗立着一通清康熙三十九年（1700）镌立的石碑。上有清代佟国翼撰写的《汉张桓侯古井碑记》，文中写道：

> 关公义杀七贵，亡走范阳，过是井，闻而揭石取肉……与（张飞）角力。适昭烈帝（刘备）见而壮之，遂有兄弟之盟，旋定君臣之分。

当地民间传说：张飞每天卖肉，如果肉卖不完，他就把肉吊在井里保存，上边用一块千斤重石压盖。张飞还在石头上写了一行字："单手举此石，猪肉你白吃！"在张飞眼里，那千斤重的大石头是没有人能够单手举起来的，想白吃他的猪肉，那是妄想！

正是张飞写的这一行字，导引了他与关羽的一番争斗，刘备也掺和进来，三个人得以结识、订交。

关羽在各地浪迹多年以后，来到了涿郡地界。这一天，他推了一车绿豆要到涿郡城里去卖。路过桃庄张飞家门口时，他看到了井口压的那块石头上的字。关羽正是年轻气盛时，也好斗要强，便走到井边，伸出右手，用力一抓，就把那块千斤重石抓了起来，扔到了一边。随后，他从井里吊起一扇猪肉，放到小车上，推着就去了涿郡城。

关羽从井里取肉时，张飞外出不在家。待他回来听说有个红脸大汉举石取肉的事以后，心里便是一惊，想不到天下会有这么大力气的人，能单手举起千斤重石。他想会一会这个人。于是，他就拔腿出村，也赶往涿郡城。

关羽推着小车进了涿郡城，就去了水门沟。在东汉末期，水门沟是涿郡城里一个繁华的粮食市场，每天都有很多商贩到这里来进行粮食交易。水门沟现在叫小益街，它还有个名字叫三义胡同。

关羽到水门沟以后，就把自家要卖的绿豆摆出来等买主，又把从张飞井里取来的那一扇猪肉也放在一边。

张飞随着也来到了水门沟，并且一眼就看见了自家那一扇猪肉。再打量那卖绿豆的汉子，高大魁伟，肩宽体壮，长须飘然，便知道不是个好说话的主儿。张飞想上前去讨回猪肉，又自觉没道理；不要吧，又咽不下这口气。他皱着眉头想了一会儿，便走向关羽，要找个茬儿闹事。

张飞走到关羽的绿豆摊前，伸出一只手，从口袋里抓出一把绿豆，使劲在手心里一碾，绿豆就成了碎粒儿。然后，又抓起一把绿豆，又碾成了碎粒儿。张飞一连碾碎了好几把绿豆，把关羽的绿豆就糟蹋得不成样子了。他又不说买的话。关羽心里就上火。两人一搭话，话味就不对劲，先是唇枪舌剑，争吵不休；接着就你推我搡，动起手脚，打斗起来。他们俩从水门沟东口打到西口，又从西口打到东口，斗了好几个来回，谁也没有占到便宜。水门沟那些小商贩都没心思做生意了，围着两人看热闹。因为两人打

第三章 历经磨难

斗得凶狠，谁也不敢上前去劝解、拉架。

这一天，刘备也推了辆小车儿到涿郡城里来卖草鞋。听到这里吵吵嚷嚷，打打闹闹，便也赶过来看热闹。刘备把自家的草鞋子放在水门沟街当中，张飞和关羽就打过来了。两人各抓起一个车把，一使劲就把刘备的小车劈成了两半儿，各拿一半就又打斗起来。两人打斗得虽说厉害，就是谁也伤不着谁。

刘备站在旁边看他们打斗了一阵，看出两人的武艺甚是了得，便喜在心头，有爱慕之意。他有心结交这两位好汉，便用手分开围观的群众，走到街当心，站到正在打斗的张飞和关羽中间，轻轻一挥手，两人就被挡到了两边，再也打斗不到一处了。人们说：张飞和关羽武艺高强，力气大，是两员虎将；可是，刘备是条龙，本事比他俩大，所以一挥手就能制服他们。这就是：水门沟一龙分二虎。

不打不成交。张飞和关羽打斗，刘备插了一手，三个人就相识了。刘备就邀请他们俩去街旁的一个小酒店喝酒，边喝边谈，越谈越对劲，三个人意气相投，就商量着要结拜为异姓兄弟。正好，小酒店后边有一个桃园，正值桃花盛开的时节，刘备、关羽和张飞就在桃园里焚香叩头，结为异姓兄弟。据说，关羽本来年岁大于刘备，但是刘备是有德之人，又是汉宗室，按照"拜德不拜长"的道理，刘备就成了兄长，居老大哥地位，关羽就成了二弟，张飞居老三。这就是广为流传的"桃园三结义"的故事。罗贯中在《三国演义》第一回里将这个故事加以演绎，说他们三人在张飞庄里的桃园里举行了正式的结拜仪式，并有一段感人肺腑的誓词：

> 念刘备、关羽、张飞，虽然异姓，既结为兄弟，则同心协力，救困扶危；上报国家，下安黎庶。不求同年同月同日生，只愿同年同月同日死。皇天后土，实鉴此心，背义忘恩，天人共戮！

刘备、关羽和张飞结拜时的"桃园"是张飞庄里的桃园，还是水门沟里的桃园，时过境迁，无从确定。而涿州群众更认可水门沟的桃园。现在，这个桃园已不存在，其遗址上建起了一处干休所。

涿州民间传说将刘备、关羽和张飞的结识放在"水门沟一龙分二虎"中，较之罗贯中在《三国演义》里说他们是在招兵榜文前认识的，更富有浪漫、传奇色彩。

清代文学家梁章钜在《归田琐记·三国演义》中，采用了涿州民间传说：

> （关羽）东行至涿州，张翼德在州卖肉，其卖止于午，午后即将所存肉悬下井中，举五百斤大石掩其上，曰："能举此石者与之肉。"公适至，举石轻如弹丸，携肉而行。张追及，与之角力相敌，莫能解。而刘玄德卖草履亦至，从而御止，三人共谈，意气相投，遂结桃园之盟云云。语多荒诞不经，殆《演义》所

由出欤。

刘备、关羽、张飞的结识、订交，对于三个人来说，都是至关紧要的，可以说是决定了他们生死与共的命运。

《三国志》卷三十六《蜀书·关羽传》：

> 先主于乡里合徒众，而羽与张飞为之御侮。先主为平原相，以羽、飞为别部司马，分统部曲。先主与二人寝则同床，恩若兄弟。而稠人广坐，侍立终日，随先主周旋，不避艰险。

在正史里没有刘备、关羽和张飞桃园三结义的记载，仅在《三国志》卷三十六《蜀书·关羽传》里提到"先主与二人寝则同床，恩若兄弟"。在《三国志集解·先主传·下》中，作者引梁章钜说："世俗桃园结义之事，即本此语。"意思是说，社会上流传桃园三结义的故事，是从《三国志》卷三十六《蜀书·关羽传》里的这一句话演绎而来，并非是事实。梁章钜对桃园三结义是持怀疑、否定态度的。他在《归田琐记·三国演义》中就曾说："三人共谈，意气相投，遂结桃园之盟……殆《演义》所由出欤？"

那么，刘备、关羽、张飞桃园聚会，结为异姓兄弟，是子虚乌有，纯属演义，还是确有其事呢？对此，笔者认为只能具体地进行分析，以做出合乎逻辑的结论。

首先，"恩若兄弟"不是一般意义上如同兄弟般的情谊，它有着更深层的含义。这从关羽降曹在许都时，回答张辽的询问也可得到证实：

> 羽叹曰："吾极知曹公待我厚，然吾受刘将军厚恩，誓以共死，不可背之。吾终不留。吾要当立效以报曹公乃去。（《三国志》卷三十六《蜀书·关羽传》）

当时，曹操很看重关羽，表封他为汉寿亭侯，拜他为偏将军，又重加恩赏，远比他在此之前追随刘备时所得到的名、利为厚。对此，关羽心里很清楚。但是，他并没有动摇追随刘备的意念，这不能简单地以关羽讲义气来解释。义气只是一种表象，实质是关羽与刘备已经建立了超乎"主从"意义的更为亲密的关系。笔者在此强调"主从"而不说"君臣"，是因为在这个时期，刘备尚没有形成自己独立的势力，占据一定地盘，而仍然寄人篱下。在当时天下人士择主而从、反复无常的情况下，关羽仍念念不忘刘备，没有极为亲密的关系，是不可理解的。这种亲密关系就是因为他们结成了异姓兄弟。而另一方面，当关羽被东吴杀害之后，刘备十分恼怒，决定亲自举兵伐吴，为关羽报仇：

> 先主忿孙权之袭关羽，将东征，秋七月，遂帅诸军伐吴。孙权遣书请和，先主盛怒不许。（《三国志》卷三十二《蜀书·先主传》）

在刘备决定东征孙权时，诸葛亮、赵云等一般大臣、战将都劝他不要向东吴用兵，他不听；秦宓"陈天时必无其利"加以劝阻，惹得刘备发火，将他抓起来关进监狱。（《华阳国志》卷六）孙权派人送书来求和，他也拒绝不许。这时，刘备已是蜀国皇帝。一国的皇帝竟然因麾下的一个大将被害而要亲自带兵为他报仇，从一般的君臣关系说，在历史上是十分少见的。刘备之所以如此固执己见，也说明，他和关羽的关系非同一般，是在"君臣"之外，更有亲如骨肉的异姓兄弟关系，誓以共生死的。这种关系经受了历史的考验。推论当初，他们三人曾有过誓约，是可信的。

其次，从刘备、关羽、张飞三个人的实际情况看，虽然性格迥异，而且，刘备是汉朝宗室，但是，他家道中落，和关羽、张飞在青少年时代都生活在社会底层，属于"市井细民"之流。这种共同的、类似的生活经历，必然使他们经受过在这种生活中流行的"侠义"精神的熏染。刘备又"好结交豪侠"，所以，他们结为异姓兄弟，有共同的思想基础，有现实的可能。

因此，笔者认为，刘备、关羽、张飞的"桃园三结义"不是后人虚构的，是他们曾经有过的事实。

清人卢湛在编撰《关圣帝君圣迹图志全集》时，其中有一幅图为"桃园义聚"，并有文字解释。卢湛照原图原文录抄，因此，据说获罪于关帝，并降乩（jī，神灵降示）让他删去不实之词。卢湛在《关圣帝君圣迹图志全集》卷之一中是这样写的：

四明孙百龄（按：孙百龄是卢湛同时期人，参与考订《关圣帝君圣迹图志》一书）原本记云："分虽主臣，而恩若兄弟。"又云："恩若兄弟，非结兄弟也。"湛未及寻思，难免疏忽之咎。即考订诸前辈并未及详究，随意书之，是以获罪。圣帝则有癸酉（康熙三十二年，1693）七夕降乩之批示。今遵帝批，将数语删去，续志于后，以俟古今瞻仰。圣帝批云："大地江山蒸雨气，九州岁月熟春秋。淮黄交会波涛急，都是忠魂痛不休。湛子（指卢湛）心志坚久，诚为难得。但吾志中，汝竟未细心体认，执偏见不经之语，据以为实，吾心甚为不安。即如桃园义聚一幅，内曰：恩若兄弟，分虽主臣，此言可恨。况当初吾与兄长、三弟，俱在一介寒微。只因张角倡乱，吾等为生民起见，又为汉室衰微，一腔忠义，思欲救生民于水火，尊汉室奠安。适逢三人志气相符，故结为兄弟。此时，有何主臣之可分？若分为主臣，则吾三人为悖逆之流耳。又言：非结兄弟也，此言可斩。汝宜速改。且吾与兄长、三弟，以及武侯、子龙等义气投合，虽分身各体，而心志皆同。志中皆当作文以列诸首，而吾心方安。至黄希声之名与文，俱宜削去。除陈寿传外，皆可载入也。"批毕而退。凡在坛诸梓工等，初闻异香满室，继观批示，无不惊骇。

卢湛的这段记叙，实在是一个"无懈"可击的神话故事：关羽认为卢湛编辑的志书中"分虽主臣，而恩若兄弟"和"恩若兄弟，非结兄弟也"等词句不实，便"降乩"给他，要他删正，并告诉他，自己与刘备、张飞是结义兄弟，等等。这个故事实在离奇，当然不可信。但是，卢湛为什么要虚构这么一个故事呢？极可能是给"刘、关、张是结义兄弟"制造一个口实。既然正史没有记载，传说不足为信，那就借关羽的神灵来证实。卢湛的心态，如此而已。笔者将卢湛编造的这个故事引用于此，仅作为"桃园三结义"中的一个小小插曲，亦可看出关羽被神化的影响。

拜把子、兄弟结义是长期存在于我国的一种社会生活现象，属于结社性质。一般地来认识，少数人之间以这种形式来建立他们之间的关系，是无可厚非的。至于不同人群之间的结合，形成一种良好的友谊集团，做出一些有益于他们自己或社会的事情，或者形成一种各怀鬼胎、互为利用的伪善集团，干了许多既损伤他们自己、又危害社会的罪恶勾当，那是不能仅从结义这种形式上来议其是非的，应该具体地去分析。

刘备、关羽、张飞通过"桃园三结义"，确立了他们共同的意愿，建立了亲密的关系，使他们从此以后，在动乱的东汉末期的战争生活中，共同走在了一条艰难的道路上，去从事他们的事业。

镇压黄巾军

东汉末年，由于外戚、宦官和官僚集团争权夺利，互相残杀，政治腐败达到了极点。统治集团和地方豪强势力，又极力对农民横征暴敛，压榨掠夺，使广大农民破产逃亡，流离失所，生活于水深火热之中，阶级矛盾更加尖锐。在许多次的农民起义被镇压下去之后，农民反抗东汉王朝的斗争并没有因此而终止，而是继续酝酿着更大的反抗活动。

汉灵帝时，道教的一支——太平道，在农民中广泛传布，秘密进行组织活动。太平道首领，钜鹿（今河北省平乡县西南平乡镇）人张角号称"大贤良师"，为徒众画符治病，并派遣弟子四处传道，得到了农民的信任，十余年间，道徒发展到数十万人，遍布青、徐、幽、冀、荆、扬、兖、豫八州。他提出"苍天（指东汉地主政权）已死，黄天（指农民阶级政权）当立，岁在甲子（184），天下大吉"的口号，对徒众进行鼓动宣传、号召发动，并在京城及州郡官府到处用白土书写"甲子"二字，昭示要在甲子年举行起义。

张角的组织发动群众工作是比较成功的，而且在京师得到一些宦官的支持，约为内应。他们原定在甲子年三月五日举义。但是，由于叛徒唐周的告密，统治集团迅速采取行动，捕杀道徒。张角便传令各地，提前举行起义。

张角领导的太平道徒众以黄巾裹头，在七州二十八郡同时举行武装起义，爆发了中国历史上第一次组织较严密、准备较充分的农民战争，这就是著名的黄巾军起义。

声势浩大的黄巾军起义，造成"天下响应，京师震动"的态势，既直接对东汉政权形成威胁，又触动了各地豪强地主的利益，使他们面临灭顶之灾。因此，统治集团及地主阶级十分惶恐。为了对付黄巾军，他们便调整其内部矛盾，调动各方面的武装力量，对黄巾军发动进攻。在东汉政权派出的皇甫嵩、卢植、朱俊率领的官军和各地豪强地方武装的联合镇压下，黄巾军经过九个月的斗争，终归失败。

在黄巾军起义的这个社会大动乱的关头，各地豪强势力趁机而起，组织队伍，打起旗号，投入屠杀黄巾起义军的行列。曹操、孙坚、董卓等就是在镇压黄巾军起义中发迹的。刘备当时虽然还是一介草民，但是，也纠合一些人加入了镇压黄巾军的行列。

《三国志》卷三十二《蜀书·先主传》记载：

> 灵帝末，黄巾起，州郡各举义兵。先主率其属从校尉邹靖讨黄巾贼有功，除安喜尉。

刘备是一个有抱负的人，尽管他青少年时期家境贫寒，生活穷困，但是，他总盼望着时来运转之时。黄巾起义，各种地方势力趁机而起之际，刘备也看准了这是一个机遇，他也召集了一些人，追随校尉邹靖讨伐黄巾军。刘备因为屠杀黄巾军有功，被授任为安喜（今河北省定州市东）尉。

刘备、关羽、张飞从参与镇压黄巾军开始，逐步组建了自己系统的军队，南征北战，而终于称雄一方。

○
○

身困在曹营

腐朽的东汉政权已走向末路，因此，它虽然镇压了黄巾起义，保住了它的统治，但是，这场声势浩大的农民起义沉重地打击了这个政权，动摇了它的基础。在镇压黄巾军中冒出来的一些野心家、诸侯，从此展开了一场长期的、频繁的政治和军事纷争，战乱不已。东汉王室的皇帝已经徒有其名。中央统治实权不断更易。后来，被称为"乱世之奸雄"而实际是有雄才大略的曹操，把逃亡在外多年的汉献帝迎到许都，以东汉这个末代皇帝为招牌，形成了"挟天子以令诸侯"的政治优势，又凭借他不断发展的军事力量，称雄中原。

刘备在参与征讨黄巾军时仅有一小股军事力量。后来，他当安喜尉、下密丞、平原令、豫州刺史、徐州牧时，拥有的兵力不过千余人，后来充实到数千人，最多时达到万余人。刘备在各路拥军自重的军阀中力量是比较薄弱的。当他刚立足徐州时，又先后遭到袁术、吕布的攻击。刘备兵败后便投靠了曹操。但是，刘备尽管当时还很不得意，在势力强大的众军阀中游弋，却被曹操视为可以与他并立于世的"英雄"，争衡天下的"人杰"。曹操在认识刘备这一点上，是准确的。刘备是潜伏的蛟龙，是一代枭雄。他在等待机会。对曹操这个已经大权在握的人，刘备也想除掉他。刘备在许都参与了车骑将军董承奉汉献帝密诏谋诛曹操的计划。这时，发生了袁术在寿春称帝的事件。袁术是个野心很大、却没有什么本事的人。他称帝后不久，由于奢淫极欲，弄得资财空尽，人心涣散。袁术在寿春的日子很不好过，便想经过徐州去河北投奔他的从兄袁绍。曹操得知了这个消息，便派遣刘备和大将朱灵去徐州邀击袁术。袁术不得过徐州，退兵到江亭时，呕血而死。大将朱灵回了许都，刘备却留在徐州。他杀死了徐州刺史车胄，带领张飞屯兵小沛，让关羽驻守下邳城，兼行太守事。小沛与下邳成掎角之势。附近郡县都背叛曹操，依附刘备。一时间，刘备又聚众数万人，声势大振。

徐州位于江苏、河南、山东、安徽四省交界处，北扼齐鲁，南屏江淮，东临黄海，西接中原，自古有"五省通衢"之称。它又是军事重镇，历来为兵家必争之地。

在许都，董承谋杀曹操的计划败露，他和同党长水校尉种辑、将军吴子兰等都被曹操处死。而参与其谋漏网的刘备，却占据军事重镇徐州，聚众数万，勃然兴起，使曹操很不放心，认为是心腹之患，要趁刘备立足未稳时，进行征讨，以消除这个敌手。他先派遣了将军刘岱和王忠去攻击刘备，结果兵败而归。曹操这才决定亲自统兵去东征刘备，时在汉献帝建安五年（200）。

曹操这次征讨刘备很顺利。他首先攻破了刘备和张飞据守的小沛。刘备兵败后逃往河北去依附袁绍，张飞也落难于山野间，曹操俘获了刘备的两位夫人。接着，曹操便引兵包围了下邳城。

下邳城在徐州市东。下邳古城现在已经不存在，它是在清康熙七年（1668）山东郯城发生大地震时受到波及，致使全城沉陷覆没的。关羽统兵据守时，下邳城池坚固，而且，环城一周有护城河，凭借这种易守难攻的形势，关羽本可以固守城池与曹操进行对抗、周旋，但是，老谋深算的曹操用计辱骂关羽，引诱他出城交兵。关羽中计，举兵出城交战时，曹操便趁机攻进下邳城。关羽前后受敌，只得退兵据守在下邳城北的一座土山上。那座土山实际上称不得是山，只是一个高土岭。不过，居高临下，可以遥瞰下邳城。土山位于现今江苏省邳州市土山镇。

关羽在土山被曹军团团围困的形势下，他的山西同乡张辽奉曹操之命出面劝降。关羽当即写信给张辽，予以拒绝。信中说：

　　　　鲁仲连，东海之匹夫耳，为齐下士，然且耻不帝秦。职为通侯，列汉元宰，独可使负汉耶？子且休矣！
　　（《关圣帝君圣迹图志全集》卷之二《帝与张辽书》）

关羽在这封信里，表现出大义凛然的气势，但是，他后来还是投降了。据说，这是经过张辽的劝说，关羽约以三事。《三国演义》说关羽约定的三事是：

> 一者，吾与皇叔设誓，共扶汉室，吾今只降汉帝，不降曹操；二者，二嫂处请给皇叔俸禄养赡，一应上下人等，皆不许到门；三者，但知刘皇叔去向，不管千里万里，便告辞去；三者缺一，断不肯降。（《三国演义》第二十五回）

关羽与张辽的一封信以及他约定的三件事，在正史的关羽、曹操、张辽传里都没有记载。因此，后人多有质疑，认为不可信，是子虚乌有的事。也有人以三事中的"降汉不降曹""知刘皇叔去向，不管千里万里，便告辞去"大做文章，颂扬关羽是"义贯千古"的英雄。

按关羽的性格，他的投降是不可思议的事。而按关羽当时的处境与关羽所约之三事来论，他的投降是完全可以理解的。

就关羽兵困降曹这件事本身来说，笔者认为无须乎大惊小怪，对关羽进行责备。当是时，各路群雄竞起，天下豪杰各择其主。关羽追随了刘备，而刘备羽毛未丰，尚在各路强大的军阀势力夹缝中游弋，求生存，图发展。他也曾随曹操，附袁绍，依刘表，没有成为独立的势力。他与关羽在此时仅是异姓兄弟和"主从"关系，而不是"君臣"。刘备本人尚且如此，作为他的一个追随者的关羽兵败被擒而投降，有什么好奇怪的？与他同时代的大将因兵败投降的事例很多，而且，朝秦暮楚、频繁改换门庭的也大有人在。如果关羽投降曹操后，便像有些人如张辽那样，死心塌地追随曹操，为他效命，那么，历史学家自然会对他做出另一番评论。而关羽却是"身在曹营心在汉"，这便只得从另一个角度来认识他。

曹操击败刘备凯旋时，将关羽带回许都。

许，在春秋时为一姜姓小国。秦始皇统一六国后，建制为许县。东汉建安元年（196），曹操看准时机，将被迫逃亡在外、四处流落的汉献帝接迎到许，建都，称为许都。

关羽早前曾经跟随刘备出入过许都。但那时，他只是刘备的结拜兄弟，身份也不过是随从，所以，在许都没有留下多少令人追寻的东西。只有一个许田射鹿故事广为流传。

许田射鹿的故事发生在许都东北约二十公里的陈曹乡许田村。相传，在东汉末年，许田这一带森林茂密，水草丰盛，养育着许多野生动物。建安三年（198）的一天，汉献帝刘协带领一批亲贵大臣兵将，来到许田射猎。曹操和刘备都随驾在左右围猎中，从丛林中跑出一只梅花鹿，汉献帝刘协一连射了三箭都没有射中。他让曹操去射，曹操就用刘协的皇弓金箭，只射了一发就击中了梅花鹿。赶上前去的兵将看到梅花鹿身中皇帝使用的金错箭，以为是汉献帝刘协射中的，顿时，欢呼雀跃，山呼万岁。就在这时，曹操策马向前，遮住汉献帝，接受山呼。这是一种大逆不道的僭越行为，文武官员都大惊失色。汉献帝刘协心里虽然老大不高兴，却因曹操大权在握，无可奈何，只得咽下这口气。当是时，关羽追随在刘备身后，他十分恼怒，便欲拍马挥剑，冲向前去杀曹操。刘备是个小心谨慎、极有远谋的人，便暗中制止了关羽。

发生在许田射鹿的故事，一方面暴露了曹操位极人臣，朝政大权在握，极不把那个傀儡皇帝刘协放在眼里，十分的骄横；另一方面也显示了关羽对汉王朝有着一腔忠心赤胆和不畏强暴的性格。要不是刘备及时制止，说不定当时会发生什么样的骤变。

许田射鹿的故事流传十分广泛，罗贯中写进了他的巨著《三国演义》。在《蜀记》中也记叙了这个故事。事过多年之后，在江南夏口，关羽重提此事，还愤愤不平地埋怨当初刘备没有让自己杀死曹操，以致他尾大不掉，刘备也被他驱赶得四处流落。

可见，许田射鹿的故事，不会是人们虚构的故事，极可能是历史上曾经发生过的真实一幕的演化。

曹操从徐州战场将关羽带回许都后，是十分厚待他的。一方面给他以名，拜他为偏将军；另一方面给他以利，赏赐很多财物，民间传说是"上马金，下马银""三日一小宴，五日一大宴"，甚至把从吕布手中得到的千里宝驹赤兔马也送给他。曹操的这些动作，是一种爱才心理的表露，也是功利思想的驱使。他知道关羽是个难得的将才，如能使关羽为自己效力，那是再好不过的。曹操也知道关羽和刘备关系非同一般，曹操正是想以这种名和利的思想，动摇关羽的心，瓦解他与刘备亲密的关系，使其永远奔走于自己的鞍前马后。

曹操在许都还给关羽分配了一所府第，让他与刘备二位夫人居住。民间传说：这是曹操心术不正，想使他们叔嫂同居一院发生些男女丑事，从而达到离间关羽和刘备关系的目的。但是，关羽很精明，看穿了曹操的险恶用心，便将一宅分为两院，让二位皇嫂住在后院，自己则住在前院。叔嫂分居，男女有别，以避嫌疑，使曹操的叵测用心不能得逞。

关羽在许都的故宅里有一座楼，是元代中叶时在关羽秉烛夜读《春秋》的遗址上建立的，叫春秋楼。现在，在河南省许昌市南大街一条小巷的关羽故宅里，仅遗留下春秋楼，其他房屋已毁。

关羽身困曹营期间，曹操诸般努力，企图使他忘却刘备，归顺自己，但都没有成功。关羽始终念念不忘他的结拜兄长刘备。清人甄汝舟在一首诗里，对关羽的行为大加赞赏。

　　　　秉烛中宵暂避嫌，宅分两院亦从权。
　　　　依曹已久仍归汉，留得英风在颍川。

关羽在许都曹营短暂羁留之后，得到一个机会，便辞别曹操，又去追随他的结义兄长刘备。而在许都的羁留，却使关羽赢得了"身在曹营心在汉"的传世美名。这大概是关羽在下邳兵败困守土山，被迫无奈放下武器时所未料及的。

○
○

千里走单骑

关羽在许都的短暂羁留是形势逼迫的。他无时无刻不在思念刘备，想得到他的消息，然后再去投奔他。关羽是在建安五年（200）正月到许都的。这年四月，便遇到了机会。袁绍与曹操间发生了白马（今河南省滑县旧城东）之战。袁绍派遣手下大将颜良攻击东郡太守刘延于白马。白马在许都北。白马如果失守，将危及许都的安全。因此，曹操便亲自督兵援助刘延，关羽与张辽为进兵白马的先锋。

《三国志》卷三十六《蜀书·关羽传》：

> 绍（袁绍）遣大将颜良攻东郡太守刘延于白马，曹公使张辽及羽为先锋击之。羽望见良麾盖，策马刺良于万众之中，斩其首还。绍诸将莫能当者，遂解白马围。

在白马之战前，关羽已经在沙场上驰骋多年，身经百战，虽有战功，但是，都没有具体生动的记载以显示他的神威。罗贯中在《三国演义》中虽然很精彩地描写了关羽

"温酒斩华雄"的故事，但是，那只是艺术的虚构、小说的演绎，而不是历史的事实。因为，华雄并不是关羽杀死的，而是被东吴的孙策所杀。因此，关羽被曹操差遣为先锋，关羽策马刺杀袁绍大将于万众之中，是第一次显示他的胆略和神勇的历史文字记载，给人的

《关圣帝君圣迹图志全集》存录《白马斩良》图

印象是很深的。由于关羽解白马之围有功，曹操便表封关羽为汉寿亭侯。汉寿是地名，当是指湖南汉寿县，亭侯是爵位。东汉对有功官员的封爵有县、乡、亭侯。关羽虽然得到的是汉寿亭侯，是封爵中之低者，但是，这也是很高的荣誉。无疑，这也是曹操利用关羽建立战功进一步对他的笼络，要安他的心。但是，由于关羽在白马之战时已得知刘备在袁绍军中，便决意要辞别曹操，离开许都去投奔刘备。

《三国志》卷三十六《蜀书·关羽传》：

初，曹公壮羽为人，而察其心神无久留之意，谓

张辽曰："卿试以情问之。"既而辽以问羽，羽叹曰："吾极知曹公待我厚，然吾受刘将军厚恩，誓以共死，不可背之。吾终不留，吾要当立效以报曹公乃去。"辽以羽言报曹公，曹公义之。及羽杀颜良，曹公知其必去，重加赏赐。羽尽封其所赐，拜书告辞，而奔先主于袁军。左右欲追之，曹公曰："彼各为其主，勿追也。"

关羽既有去心，据《三国演义》说，他曾数次去相府辞曹操，而曹操已知他的心意，挂出回避牌，不见他；而他的山西同乡张辽也避而不见。于是，关羽便写了《谢操书》。《三国志》说他"拜书告辞"。《三国演义》还节录了他的书信内容。此外，在关羽的志书里还有刊行的两封致曹操信，这两封信与《三国演义》里的信意思相同，只是措辞有一定差异。

第一封信是《归先主谢操书》：

羽闻主忧则臣辱，主辱则臣死。曩所以不死者，欲得故主之音问耳。今故主已在河北，此心飞越，神已先驰。惟明公幸少矜之。千里追寻，当不计利害，谋生死也。子女帛之贶（kuàng，赐），勒之寸丹。他日幸以旗鼓相当，退君三舍，意亦如重耳之报秦穆乎！羽谢。（《关圣帝君圣迹图志全集》卷之二）

第二封信是《又致操书》：

> 窃以日在天之上，心在人之内。日在天之上，普
> 照万方；心在人之内，以表丹诚。丹诚者，信义也。
> 羽昔受降之日，有言曰："主亡则死（死又作辅），主
> 存则归。新受曹公之宠顾，久蒙刘主之恩光。丞相新
> 恩，刘公旧义；恩有所报，义无所断。今主之耗，羽
> 已知，望形立相，觅迹求功，刺颜良于白马，诛文丑
> 于南陂，丞相之恩，满有所报。每留所赐之物，尽在
> 府库封缄。伏望台慈，俯垂鉴照。（《关圣帝君圣迹图
> 志全集》卷之二）

这第二封信里所说"诛文丑于南陂"，是不符合历史事
实的。据记载说：关羽在诛杀颜良解白马之围后，曹操与
袁绍间的战争继续进行，曹操驻兵于南陂下：

> 绍骑将文丑与刘备将五六千骑前后至。诸将复曰：
> "可上马。"公曰："未也。"有顷，骑至稍多，或分趣
> 辎重。公曰："可矣。"乃皆上马。时骑不满六百，遂
> 纵兵击，大破之，斩丑。（《三国志》卷一《魏书·武帝
> 纪》）

这里只说"斩丑"，至于具体说文丑死于谁的刀下，当
时冲锋陷阵的有张辽、徐晃、关羽等人，在他们的本传里

都没有提到此事。只是在《三国演义》第二十六回里才说是被关羽杀了的：

> 文丑沿河赶来。忽见十余骑马，旗号翩翩，一将当头提刀飞马而来，乃关云长也，大喝："贼将休走!"与文丑交马，战不三合，文丑心怯，拨马绕河而走。关公马快，赶上文丑，脑后一刀，将文丑斩下马来。

《三国演义》里的这段描写，是不足为历史根据的。为什么在《又致操书》中出现这种事实？是关羽述实，还是后人伪托，就很难说清了。

对这两封信，世人有赞赏的，也有提出怀疑的。不相信是关羽写的理由是："'主亡则辅，主存则归'二语，不似当日口吻"；"其辞鄙俚，绝非汉文气习"，等等。（《解梁关帝志》卷之二）

不过，按常理说，关羽辞别曹操时，想当面拜辞而未能得见，留下书信，聊表心意，是情理之中的事。如果不告而别，反而使人觉得不可理解。因此，《三国志》记载关羽"拜书告辞"是可信的。至于说这两封信是否是关羽书写的信，那就很难说了。从信的内容看，可以说是表达了关羽的心境。个别词如"诛文丑于南陂"，很可能是后人附加上去的。

从关羽辞别曹操，投奔刘备这一行为本身来说，关羽是冒着生命危险的，只要曹操稍有游移，关羽便难出许都，甚至会人头落地，所以，关羽的行为有着很深刻的道德意义。首先，充分表现了关羽重"诺"讲"义"的品质。"丈夫一诺值千金"，是他从青少年时期养成的性格特点的一种体现。其次，也表现了关羽富贵不能淫、威武不能屈、贫贱不能移的高尚道德情操。他不为曹操的权势所屈服，没有被曹操的封官厚赐所诱动，也没有因为刘备存亡未卜、穷愁破败、流浪无所而动摇追随刘备的信念，矢志不移，忠贞不贰。第三，也充分表现了关羽行事光明磊落、来去分明的豪迈气魄。羁留许都，身在曹营期间，他并不掩饰自己仍然眷念刘备的心情，公开表示："誓以共死，不可背之。"当得知刘备的消息之后，便"拜书告辞，而奔先主"，其行为始终一贯，表里如一，坦荡无隐。

另一方面，关羽的离开许都，尽管曹操心里不情愿，却不加阻拦，说一声："彼各为其主，勿追也。"既表现了曹操想留住关羽，而终于留他不住，那就让他去吧的无可奈何的心情，也表现了曹操的宽宏大度。对这一点，裴松之就很赞赏他：

> 臣松之以为，曹公知羽不留而心嘉其志，去不遣追以成其义，自非有王霸之度，孰能至于此乎？斯实曹公之休美。（《三国志》卷三十六《蜀书·关羽传》裴注）

将关羽大度地放走，也是曹操一生中值得称颂的、少有的对人宽容的行为。

民间传说，关羽离开许都前去拜辞曹操，曹操避而不见。待关羽挂印封金、单骑横刀、保护着二位皇嫂出了许都西门，去寻找刘备时，曹操情知留不住关羽，便带了一帮亲信赶出城来，为关羽送行。在许都城西的一座小桥上，曹操追上了关羽，做个顺水人情，要送些金银财宝和一件锦袍给关羽。由于关羽人单势孤，生怕曹操趁机向他动手，所以，他驻马桥头，也不要那些金银财宝，只用青龙偃月刀将锦袍挑了过去，转身西去，开始了他重归刘备的征程。

关羽挑袍辞操的桥，在清代出版的《许州志》里名为"八里桥"，又名"灞陵桥"，坐落在许都西约五公里处。"八里""灞陵"音韵相谐，极可能是关羽挑袍故事流传过程中转化而来的。

在灞陵桥西不远处，有一座关帝庙，创建于南宋绍兴十年（1140）。据说是南宋抗金名将岳飞率兵在这里用"关爷刀"大破金兵的拐子马阵，杀死金兀术的女婿夏金吾，并生擒了他的副统帅。岳飞认为这是关羽的在天之灵对岳家军的护佑，便在灞陵桥西设坛，建筑了一座土祠，祭祀关羽，名为"昭烈忠惠关王爷祠"。元、明、清各代又加以扩修，规模便逐渐宏大，成为全国五大关帝庙之一。灞陵桥关帝庙的特点之一是：关曹并重。意思是说：在这座庙里，不但祭祀关羽，曹操也受到相当的礼遇，而不是把他置于一个遭贬抑的地位。从历史发展的实际来说，这是合乎情理的处理。

关羽千里走单骑，途中还发生了他过五关斩六将的故事。这些故事可以说是妇孺皆知，传播极为深远。罗贯中在《三国演义》第二十七回"美髯公千里走单骑，汉寿侯五关斩六将"做了精彩的描写。关羽出了许都，一路向洛阳走来，先在东岭关斩了孔秀；又在洛阳关杀了韩福、孟坦；随后行至汜水关，又屠了守将卞喜；又在荥阳关腰砍了王植；到滑州黄河渡口劈了守将秦琪。待去到古城时，又因张飞的怀疑，在三通鼓声未尽时，将追来索命的蔡阳的人头削于马下。这一路，关羽单骑走马，仗剑舞刀，过关斩将，威风八面。

然而，尽管这些故事生动曲折，极为生动，却不是历史的事实。首先，当时袁绍屯兵于阳城，是在许都的北边。关羽要去投奔在袁绍军中的刘备，出许都北上才是正路。而他却绕了个大弯子，先西去洛阳，后又折回荥阳，北上汜水，再过黄河，又南下古城。走这条路是舍近求远，不可思议。其次，关羽过五关斩六将的事在他本传里没有任何记载，六名守关之将也均是无名之辈，在志书里没有出现过。唯有蔡阳确有其人，是曹操手下一名战将，而他却是被刘备杀死的。

曹操与袁绍在白马之战后，紧接着是官渡之战。两军交兵，袁绍大败。在此之前，关羽已重新归于刘备。而刘备在袁绍军中居留一段时间后，已看出袁绍志大才疏，不是能成气候之人；况且，他们依附袁绍是不得已而为之，刘备也图谋自己的发展。所以，他准备随时离开袁绍。刘备借口南去荆州联结刘表共同对付曹操，便举兵去了汝南（今属河南省东南部及安徽省西北部边界区域）。刘备这次去汝南是第二次，以前，他曾在那里活动过，给曹操以很大威胁。此次刘备再去汝南，曹操自然很不安心，便派了蔡阳去攻击刘备，《三国志》卷三十二《蜀书·先主传》：

> 绍遣先主将本兵复至汝南，与贼龚都等合，众数千人。曹公遣蔡阳击之，为先主所杀。

尽管当时关羽已重归刘备，斩蔡阳却与他没有直接关系。所以说，关羽过五关斩六将的故事，仅是属于小说的演绎，没有历史根据。

"挂印封金""灞桥挑袍""千里单骑"，关羽从羁困的曹营中出走的故事，广泛地在民间流传开来，而且，又成为戏曲舞台上脍炙人口的保留节目。

第四章

驰骋沙场

汉献帝建安五年（200），河北的袁绍与曹操交兵于官渡，结果是袁绍大败。在官渡之战前，投奔在袁绍帐前的刘备，劝袁绍南结荆州刘表，得到袁绍的同意，因此，他趁机带兵南下，活动于汝南一带。袁绍失败后，曹操又派兵攻击刘备，刘备的处境很不妙。他为了生存与发展，便派了孙乾、糜竺去荆州先见刘表。刘表很敬重刘备，但又对他心存疑惧，所以，虽然亲自到郊外迎接他，待之为上宾，却不让他去荆州，而让他屯兵新野。历史的发展证明，正是屯兵新野，才使刘备得以积蓄力量，搜罗人才，逐步走上了发展壮大的道路。关羽追随刘备，不离左右，他此后的辉煌时刻，也是从这里开始的。

○
○

屯兵新野县

汉献帝建安六年（201），刘备带领关羽、张飞来到新野县，他们在这里一直驻扎到建安十二年（207），有七年之久。

刘备在结识荆州牧刘表以后，曾建议刘表趁曹操出兵攻打乌丸之际，发兵进击许都，刘表没有采纳他的意见。从这件事也可以看出，刘表也是没有远谋、缺乏雄心壮志之人。

刘备屯兵新野，结识了荆州许多豪杰、士人，他的声名也得到进一步提高，具有相当的号召力。荆州牧刘表及其左右更为疑忌他，这其实是刘表不能用刘备的原因之一。在此期间，刘备的最大收获，就是经徐庶、司马徽的推荐、介绍，了解到隐居在穷乡僻壤襄阳隆中的诸葛亮是旷世奇才，便屈尊三次去拜访，并将诸葛亮请出山来。

诸葛亮字孔明，琅玡郡阳都县（今山东省临沂市）人。他在汉灵帝光和四年（181）出生于一个官僚地主家庭，父亲诸葛珪曾当过泰山郡丞，叔父诸葛玄当过豫章（今江西省南昌市）太守。诸葛亮由于父母早逝，是由叔父诸葛玄抚养大的。诸葛玄后来丢了太守职务，便带着诸葛亮兄弟到荆州投靠刘表。诸葛玄去世后，诸葛亮就在襄阳（今湖北省襄阳市）的隆中定居下来。诸葛亮这一时期的居住地，还有一种说法是在河南省南阳卧龙冈。"每晨夜从容，常抱膝长啸。"诸葛亮似隐伏的卧龙，静待天下之变。

诸葛亮虽居村野，"躬耕陇亩"，亲自参加生产劳动，但是，他曾努力学习经史诸子百家著作，研究历史上的政治斗争情况，并密切结合现实，观察研究当时的政治斗争形势，因此，对东汉末期各个豪强武装集团的情况都有透彻的了解。他和当地的知识分子徐庶、石广元、孟公威、黄承彦等交往密切，关系相当好。他们常常在一起纵论天下大事。诸葛亮自视很高，比拟于春秋战国时期的齐国名相管仲、燕国名将乐毅，被时人誉为识时务的俊杰。他是很有政治抱负的知识分子。

汉献帝建安十二年（207），当刘备亲自带着关羽、张飞三顾茅庐，终于见到诸葛亮，向他请教在群雄割据的形势下，如何纵横驰骋、称雄天下的大计时，诸葛亮胸有成竹地为刘备勾画了争霸天下的蓝图：

《关圣帝君圣迹图志全集》存录《共屯新野》图

今操已拥百万之众，挟天子而令诸侯，此诚不可与争锋。孙权据有江东，已历三世，国险而民附，贤能为之用，此可以为援而不可图也。荆州北据汉、沔，利尽南海，东连吴会，西通巴、蜀，此用武之国，而其主不能守，此殆天所以资将军，将军岂有意乎？益州险塞，沃野千里，天府之土，高祖因之以成帝业。刘璋暗弱，张鲁在北，民殷国富而不知存恤，智能之士思得明君。将军既帝室之胄，信义著于四海，总揽英雄，思贤若渴，若跨有荆、益，保其岩阻，西和诸戎，南抚夷越，外结好孙权，内修政理；天下有变，则命一上将将荆州之军以向宛、洛，将军身率益州之众出于秦川，百姓孰敢不箪食壶浆以迎将军者乎？诚如是，则霸业可成，汉室可兴矣。(《三国志》卷三十五《蜀书·诸葛亮传》)

诸葛亮当时年仅二十七岁，相当的年轻。但是，他的这番议论高瞻远瞩，很有见地。说明这是他认真地观察和研究了当时的政治、军事、经济形势，深思熟虑后得出的认识。

诸葛亮为刘备策划的基本战略思想是：(一)在曹操雄踞中原，孙权占有江东的形势下，应占据荆州、益州作为立足之地；(二)整顿内政，安抚西南少数民族，稳定后方，积聚力量；(三)和东吴孙权集团修好，联合起来，对付曹操集团；(四)待时机成熟之后，分别从益州、荆州两路出兵，北伐曹操，最终统一中国，恢复刘氏的汉室政权。诸葛亮的这一战略思想被史家称之为《隆中对》或《草庐对》。他对当时形势的认识分析的确不同一般，有超乎常人的胆实和才华，因此，得到了刘备的赏识。刘备极力请诸葛亮出山，并委以重任，诸葛亮便成为刘备的得力助手，重要的谋士。二人关系十分亲密，犹如鱼水。关羽和张飞都年长于诸葛亮约二十岁，而且跟刘备南征北战多年，感到刘备这样敬重年轻的诸葛亮，心里都很有些不高兴。在这一点上，也可看出关、张与刘备在识人和用人上的差距，他们没有刘备有远见。不过，待刘备解释劝说之后，他们还是认同了刘备的选择。

三国的斗争从某种意义上讲是人才之争，谁得到了天下英才，谁就能在斗争中取得优势。势力孤单的刘备得到诸葛亮这一杰出的人才，一个超乎一般的谋士，是他在残酷的斗争中能够顺利发展，终于形成曹、孙、刘三雄鼎立局面的重要因素之一。

刘备三顾茅庐的历史已经过去了一千七百多年，"三顾茅庐"作为传世佳话，至今还为人们所乐道。但是，诸葛亮隐居时的"茅庐"究竟在何处？

诸葛亮在《前出师表》中曾写道：

> 臣本布衣，躬耕于南阳，苟全性命于乱世，不求闻达于诸侯。先帝不以臣卑鄙，猥自枉屈，三顾臣于草庐之中，咨臣以当世之事，由是感激，遂许先帝以驱驰。（《三国志》卷三十五《蜀书·诸葛亮传》）

晋人习凿齿的《汉晋春秋》也写道：

> 亮家于南阳之邓县，在襄阳城西二十里，号曰隆中。

这些关于诸葛亮隐居躬耕地极为简略的表述，给后人留下了一个"谜团"。人们从不同的角度做出自己的判断和解释。河南省南阳市和湖北省襄阳市两地都认为诸葛亮隐居地是在他们那里。当今的学术界，为澄清事实，解开"谜团"，确定草庐所在地，先后召开了多次学术讨论会，撰写论文，出版专著。河南出版的有《诸葛亮躬耕地新考》（社会科学文献出版社），湖北出版的有《诸葛亮躬耕地论文集》（东方出版社）、《诸葛亮研究新编》（湖北人民出版社）、《诸葛亮在襄阳》（湖北人民出版社）。在这几本专著里，作者们就诸葛亮的隐居躬耕地——茅庐所在处，做了有益的质疑辩难，提出了四种不同的观点：

一是认为诸葛亮隐居躬耕之地在襄阳隆中；

二是认为诸葛亮隐居躬耕之地是在南阳卧龙冈；

三是认为诸葛亮隐居躬耕地在汉水以北、邓州以南的邓县境内；

四是认为诸葛亮隐居躬耕，受顾于南阳，游学寓居于襄阳。

在这四种不同观点中，前两种是争论的焦点所在。在南阳市卧龙冈上建有武侯祠，在襄阳市隆中山也建有武侯祠。这两个武侯祠各具特色，均享誉海内外。

笔者认为：诸葛亮隐居躬耕地的争论，目前虽然分歧很大，但是，经过学者们的反复讨论、质辨，将来是有可能取得共识的。

在新野县城内，现在尚保存有一处议事台，也名议事堂。《南阳府志》载：

议事堂在儒学大成殿东。世传蜀昭烈（刘备）屯
兵新野时，徐庶上谒荐孔明之贤，于此议事。至今堂
址犹存。

刘备在新野屯兵期间，先请出了徐庶，待为上宾。后
来，曹操用计将徐庶的母亲骗去许都。徐庶是个孝子，便
告别刘备去投奔曹操，临行时，他向刘备推荐了诸葛亮。
刘备又请出了诸葛亮。刘备先后与徐庶、诸葛亮、关羽、
张飞等文武幕僚，在议事台上说古道今，纵论天下大事，
计议争雄神州的策略。在这个议事台上，他们当是经历了
许多个绞尽脑汁的日夜，设计着霸业的宏图。

在新野县还有不少刘备、诸葛亮、关羽、张飞的文化
遗迹。但是，最被新野人乐道的并引以为豪的是汉桑城。
《新野县志》载：

汉城路南侧，有古桑一株，相传为关羽手植。树
外围以砖垣，名曰汉桑城。

汉桑城现在位于新野县城内中心区的汉城路小学校园
里。汉桑城的砖砌城墙高 2.42 米，墙上还有高 0.67 米的堞
口，城一周长 12.6 米。城墙上镶嵌有一块民国二十二年
（1933）的石碣，记叙汉桑城的故事。在汉桑城里，既没有
街道，也没有居住人家，仅仅有一株粗壮、干枯的古桑树
和从它根部又抽发的新枝绿叶，表现出历史与现时共存、

朽木和新芽同在的情景。把这样一个独特的建筑景观称之为"城",可以看出新野人是多么的富有想象力和浪漫情怀。

当地民间传说:刘备、关羽和张飞在新野屯兵期间,每天都要去校场练兵。有一天,关羽练兵后回到住处,将赤兔马拴在院里的一棵桑树上,便回房休息去了。没料想,赤兔马由于饥饿,竟把桑树皮啃得精光,桑树因此干枯而死。关羽觉得很对不起老百姓,就在原地亲手重栽了一株桑树,并在桑树一周筑了土墙保护它。到了明代,桑树已长得高大粗壮,土墙被改筑为砖墙。

关羽植桑的传说,反映了他宽仁爱民、爱护百姓财物的心肠。因此,多少年来,这个故事一直被人们传颂。在新野县城里,以"汉城"命名的有街道、学校、商店、文化活动园地。可见,在新野人的心目中,汉桑城是他们引以为荣的世界之最——世界上最奇特的"城中城",世界上最小的一座袖珍城。

○
○

赤壁鏖战时

刘备、关羽、张飞屯兵新野,是他们从涿郡起兵,东奔西走,历经磨难之后,相对安定的一个时期。但是,随着时间的推移,这种安定的局面便被新的战争打破。

汉献帝建安十三年(208),曹操亲率二十余万大军

（号称八十万），从许都出发，浩浩荡荡，气势汹汹，南下荆襄，想一举消灭刘备，吞掉东吴，建立其一统天下的局面。当曹操大军压境时，刘备虽竭尽全力，也无法阻挡曹操的进攻，他不得不放弃新野，扶老携幼，一路南下。在刘备狼狈败逃、形势非常危急之时，由诸葛亮和东吴的谋士鲁肃策划，刘备和孙权联合，双方誓结同盟，组成联军五万人，布阵于长江岸边，合力抵抗曹操大军。

曹操这次南征，虽然在兵力上占有绝对的优势，但是，也存在着一些弱点：一是大军远来，经过长途跋涉，疲惫不堪，到江南后水土不服，不少士卒染上了疫病，极大地削弱了部队的战斗力；二是北方兵士不习水战，即使进行培训，也不是一朝一夕见效的事。因此，进行水上战争，就要依靠荆州投降的将士，而这些新降服的将士军心不稳，动摇不定，不肯十分为曹操卖命；三是曹操的后方很不稳定。大军远征，许都空虚。马超、韩遂驻军关西，虎视许都。而在许都的朝廷官僚中有不少反对曹操的人，他们伺机而动，要搞掉曹操。因此，曹操这次率兵南下，也是极有风险的。

孙权和刘备联军在兵少势弱的情况下，利用曹操的这些弱点，使用火攻之法，击败曹操的水师。随之，又乘胜水陆并进，大败曹军。这就是著名的赤壁之战。

赤壁之战，从政治上说，是诸葛亮在《隆中对》中构思的修好东吴、联合起来对抗曹操的一次成功的实践；从军事上说是孙刘联军创造了以少胜多、以弱克强的战例，鼓舞了士气，挫败了曹军不可一世的锐气。

赤壁之战，是诸葛亮出山后作为刘备的主要谋士进行策划取得成功的一个杰作。以这场战争的历史事实为基础，又演绎了许多有关诸葛亮神机妙算的故事，诸如借东风、草船借箭等，还有曹操、周瑜等人的故事，都脍炙人口，广为流传。

关羽也参加了赤壁之战，而且，他是带领水军万余人参加这场鏖战的。关羽具体参战情况缺乏详细记载，所以，很难评估他所发挥的作用。但是，仅从他能够督率水师万余人沿长江而下参战这一情况看，就说明关羽随刘备来到荆州地区以后，是熟悉了水军的。作为一名北方出生的将领，又长期驰骋在马背上，能够在不太长的时间里熟悉掌握水军，足以看出他的军事才能。

赤壁古战场在何处？世人又有多种说法，主要有二：一是文赤壁，也名东坡赤壁，在湖北黄州，以苏东坡写了《赤壁赋》而闻名于世；二是三国赤壁，就是孙、刘联军与曹操对垒的赤壁古战场，位于湖北省赤壁市西北长江南岸境内，由赤壁矶、南屏山、金鸾山组成。

赤壁之战，曹操兵败，从华容道遁兵，《资治通鉴》卷六十五《汉纪五十七》是这样记载的：

> 操引军从华容道步走，遇泥泞，道不通，天又大风，悉使羸（léi，瘦弱）兵负草填之，骑乃得过。羸兵为人马所蹈藉，陷泥中，死者甚众。刘备、周瑜水

陆并进，追操至南郡。时操军兼以饥疫，死者太半。

　　赤壁之战，是雄才大略的曹操军事生涯中失败最惨的一次，他带着残兵败将从华容道遁走。就是在这条华容道上，又发生了一个动人的故事，即《三国演义》中第五十回中的"诸葛亮智算华容，关云长义释曹操"。这一回也是写得十分精彩动人的。诸葛亮料定曹操兵败后要从华容道遁去。但是，事前他夜观乾象，知道曹操命不该亡，就故意差关羽把守华容道，让关羽做个人情，放走曹操。两人为此还立了军令状。后来，曹操果然来到华容道，关羽眼见曹军将士惶惶如丧家之犬，曹操又说出大丈夫以信义为重，求他网开一面，使关羽想起曹操当日对他的许多恩义来，于是，动了恻隐之心，便勒回马头，让众军散开，放曹操过了华容道。为此，他险些被诸葛亮依照军法处斩，由于刘备的出面说情，才保住了脑袋。华容道关羽义释曹操，又一次说明了关羽重义气的品质。"拼将一死酬知己，致令千秋仰义名"，罗贯中这样评价了他。后世之人也因此大做文章，颂扬关羽的义行，成为脍炙人口的美谈。

　　然而，看过前边《三国志》那一段关于曹操从华容道败逃北去的叙述就可知道，尽管曹操当时处境十分狼狈、危险，但是，并没有发生过诸葛亮派关羽去华容道布兵挡曹的事，所以，"关云长义释曹操"完全是《三国演义》作者罗贯中根据历史有过的事实，又虚构了关羽义释曹操的情节，这是作者为了刻画关羽这一文学人物形象的需要。

但是，由于罗贯中在《三国演义》里的着力描写，以及其他文学作品如戏剧《华容道》等的渲染，华容道的故事便广为流传，深入人心。

华容道遗址在今湖北省监利市境内，南起车湾镇曹桥村外，北止毛市镇，全长约十公里。道路狭窄，坎坷泥泞，沿途又有许多沼泽，芦苇丛生。曹操选择这条路退兵，是吃了大苦头的。笔者在华容古道上进行实地采访时发现，在这条路上，曹操的故事流传最多，与曹操有关的地名也最多，如马鞍桥、救曹田、曹鞭港等。

在华容古道北端毛市镇北不远处，有一个陡坡，名叫放曹坡，就是《三国演义》里写的"关云长义释曹操"的地方。这放曹坡的来历，无疑是当地民间的附会，看那陡坡，并不险要，但是，它却是从华容古道北去的必经之地。罗贯中在《三国演义》里说，关羽在这里"义释"曹操，而毛市镇当地的民间传说，都说不是关羽有意放走曹操，而是由于他喝酒误事，让曹操溜了过去。

传说，诸葛亮派遣关羽把守华容道时，送给他三瓮美酒，作为捉住曹操后犒劳将士的庆功酒。诸葛亮还再三嘱咐关羽，捉不住曹操，不得喝酒。关羽带兵来到毛市镇设伏，想着军师诸葛亮对自己不大放心，心里就很不愉快。他为了表示自己捉操的决心，便在土坡前的一条沟里，亲手砍了一只公鸡的头，用血祭旗，并发誓说："关某若放走曹操，当如这鸡一样，砍我冠（关）头！"时至今日，放曹坡前的那条小沟，还被人们称作鸡冠沟。

关羽设下伏兵后，等了三天三夜，还不见曹操的影子，将士们疲惫不支，饥寒交加，关羽便不顾诸葛亮临行时的嘱咐，下令开瓮倒酒给将士们喝。结果，众将士连同关羽都喝醉了，酣卧在高坡上。曹操率兵跑到这里，看见关羽将士的醉态，便放声大笑："此乃天不绝吾也！"于是，曹操便顺利通过了这个隘口。待关羽从醉梦中醒来时，早没了曹操的影子，关羽因此懊悔不已。有人就根据这个传说，将罗贯中写在《三国演义》里的赞关羽义释曹操的诗稍加改动，在群众中传播：

曹瞒兵败走华容，正与关公狭路逢。

多亏三瓮华容酒，醉倒汉寿走蛟龙。

关羽醉酒放操的故事，无疑比罗贯中写在《三国演义》里关羽"义释"曹操的故事浪漫得多，更符合普通老百姓的审美情趣。

○
○

重兵镇荆州

当代著名历史学家范文澜先生在评价赤壁大战时说：

赤壁大战，决定了三国分立的形势。曹操所代表的统一趋势虽然受到阻碍，但此后三国统治者各在自己的领土内削平地方割据势力，巩固各国内部的统一，恢复残破已极的生产（主要是魏国），比起以前的十九年大混斗时期，三国分立也还是全国恢复统一的一个步骤。

范文澜先生还分析了赤壁之战后的形势：

赤壁战后，三国分立的形势基本上确定了，但这并不是三国已经成立。荆州在扬州上游，关系吴国的安危，孙权对荆州是势所必争的，否则便不能有吴国。刘备得不到益州，即使占有荆州，在魏吴双重压力下也很难成立汉国。刘备取得益州以后，荆州成为孙权用全力来攻，刘备不能用全力来守的局面。(《中国通史》第二编第三章)

湖北省荆州市南门关帝庙

范文澜先生的分析是透彻的、深刻的。

曹操在赤壁兵败后退回许都，东吴的孙权地位更加巩固，他拥有荆州的大部分地区。而刘备也得到了武陵、长沙、零陵、桂阳四郡。待到刘表长子刘琦病亡之后，刘备便被推举为荆州牧。经过许多年的征战奔波，刘备终于有了一块立足之地，形成了自己独立的政治、军事体系。关羽和张飞追随刘备鞍前马后，驰骋沙场，征战四方，不遗余力。刘备在拜封元勋时，关羽便当了荡寇将军、襄阳太守；张飞被任命为征虏将军、宜都太守。

汉献帝建安十六年（211），刘备率兵前往益州，留诸葛亮和关羽据守荆州。

荆州地位的重要性，是军事战略家都认识了的，他们都极为重视。诸葛亮在《隆中对》中曾谈到它，东吴孙权手下的重要谋士鲁肃也认为：

> 夫荆楚与国邻接，水流顺北，外带江汉，内阻山陵，有金城之固，沃野万里，士民殷富，若据而有之，此帝王之资也。（《三国志》卷五十四《吴书·鲁肃传》）

荆州包括七个郡，即南郡、南阳、江夏、武陵、长沙、桂阳和零陵。赤壁战后，曹操并没有完全从荆州退出，尚占有南阳郡和南郡的北部地区，东吴孙权则据有江夏郡和南郡的南部地区。而这个地区对刘备来说是非常重要的，因此，他通过鲁肃的说项，从孙权手里将南郡的南部地区

"借"了过来。在借与不借这块地方给刘备的问题上，东吴集团的内部意见很不一致。一部分如周瑜就坚决反对，而鲁肃却极力赞成。当然，鲁肃的赞成是出于孙、刘联盟，共同对抗曹操的考虑。孙权同意了鲁肃的意见，借给了刘备。"借荆州"，实质上是孙、刘两个集团在强大的曹操集团面前所做出的互相利用的一种暂时性协议。孙权方面是"暂借"给刘备，将来是要收回的；刘备方面则又是一种心态，"借"走之后，便不愿意"还"给孙权。后来，在还与不还的问题上，孙、刘两家矛盾重重。这就是在民间广为流传的歇后语"刘备借荆州——借不还"的由来。

当曹操听说孙权将荆州借给刘备以后，便大吃一惊：

（曹操）闻权以土地业备，方作书，落笔于地。（《三国志》卷五十四《吴书·鲁肃传》）

可见，曹操也是多么看重荆州。刘备在荆州站稳脚跟，对曹操来说，当然不是什么好事。

刘备据有荆州，而后进军益州，是按诸葛亮的战略思想发展的。刘备在益州稳住脚步以后，由于随他去的庞统的亡逝，便将诸葛亮调往益州，留关羽镇守荆州，独当一面。按当时刘备麾下的诸将军来看，关羽是他最为理想的荆州守将人选。

关羽镇守荆州期间，有几件事传闻很广。

一是刮骨疗毒。史书记载：

羽尝为流矢所中，贯其左臂，后创虽愈，每至阴雨，骨常疼痛。医曰："矢镞有毒，毒入于骨，当破臂作创，刮骨去毒，然后此患乃除耳。"羽便伸臂令医劈之。时羽适请诸将饮食相对，臂血流离，盈于盘器，而羽割炙引酒，言笑自若。（《三国志》卷三十六《蜀书·关羽传》）

在医家刮骨疗毒时，关羽表现出的那种血流盈盘、静处不惊，饮酒割食、言笑自若的神态，的确是奇勇兼备，令人惊叹。

是谁为关羽刮骨疗毒的？这里的记载没有说清楚，极可能是一位不知名的医家。后来，有人附会说：给关羽刮骨疗毒的是著名医家华佗，这是没有根据的。华佗医术很高明，精通内、外、妇、儿、针灸各科，尤其擅长外科。他施针用药，简而有效，曾治愈许多疑难病症，因此，名气很大。曹操由于患头风病，经常受病痛折磨，便把华佗召到许都，留在身边，随时医治。后来，华佗回家探亲，不愿再远出，恐怕还有对曹操的恐惧心理，所以，曹操多次征召，他都不从命，便被曹操强行捉走，杀死于许都。时在汉献帝建安十三年（208）。当时关羽还没有镇守荆州，而且，在《三国志》卷二十九《魏书·华佗传》里也没有记载他为关羽治病的事。可见，给关羽刮骨疗毒的是另一位医家，而不会是华佗。

但是，罗贯中却十分巧妙地运用了华佗为关羽疗毒的传说和被曹操杀死的事实，以其生花之笔，着意构造了两个情节，即《三国演义》第七十五回"关云长刮骨疗毒"，让华佗主动前去樊城前线为关羽刮骨治病，表现了关羽信任华佗，让他放手用刀的生动情景；另一方面，即第七十八回"治风疾神医身死"中，写曹操怀疑华佗提出用利斧开脑，取出风涎的医疗方法是要杀害他，因而将华佗下狱杀死的经过，前后形成鲜明的对照。同是由华佗医病，关羽心地坦荡，充分信任医家，被治好了病臂；而曹操心术奸诈，心生怀疑，因此病不得医，以致一命呜呼。罗贯中通过这两个细节的描写，刻画了两个人不同的性格，既美化了关羽，又在曹操的"白脸"上涂抹了最后的、浓重的一笔。

在荆州城里，荆州医院大楼前的一角，现在安置有关羽刮骨疗毒的汉白玉群雕像。据说，那里就是当年关羽刮骨疗毒时的地方。

第二件事是单刀赴会。

罗贯中《三国演义》第六十六回"关云长单刀赴会"的故事，也写得非常精彩，把关云长冒险前往东吴军营会见鲁肃，对答应变、挥洒自如的神态写得活灵活现，而把东吴大将鲁肃则写得很窝囊。两人形象对比分明，反差很大。

荆州部分地区是经鲁肃的说项，由孙权借给刘备的。刘备曾答应在取得益州后，就将借来的荆州还给孙权。但是，刘备在实现了他对益州的控制以后，并不打算将荆州归还东吴。因此，督都荆州的关羽与毗邻的东吴屡屡发生摩擦，兵戈相见。后来，鲁肃驻军益阳，与关羽抗衡。据《三国志》卷五十四《吴书·鲁肃传》，他与关羽曾经有过一次晤面：

> 肃邀羽相见，各驻兵马百步上，但诸将军单刀俱会。肃因责数羽曰："国家区区本以土地借卿家者，卿家军败远来，无以为资故也。今已得益州，既无奉还之意，但求三郡，又不从命。"语未究竟，坐有一人曰："夫土地者，惟德所在耳，何常之有！"肃厉声呵之，辞色甚切。羽操刀起谓曰："此自国家事，是人何知！"目使之去，备遂割湘水为界，于是罢军。

对这次相会，还有记载说：

> 肃欲与羽会晤，诸将疑恐有变，议不可往。肃曰："今日之事，宜相开譬。刘备负国，是非未决，羽亦何敢重欲于命！"乃趋就羽。

由这些记载可以看出，在孙、刘两军严阵对峙的形势下，鲁肃主动邀关羽会面讨论荆州问题，而且是鲁肃主动"趋就羽"，又仅限于"诸将军单刀俱会"。在会面后，鲁肃义正词严，争辩不已，关羽处于被动状态，和《三国演义》

里所描写的两人表现，大不相同。事实上，关羽也是单刀赴会的。不过，他在与鲁肃的舌战交锋中，并没有占上风。后来，由于曹操出兵汉中，威胁到益州，刘备为"修好东吴"，便做出让步，"割湘水为界"，将长沙、江夏、桂阳以东地区归还孙权；南郡、零陵、武陵以西仍属刘备，这才暂缓和了孙、刘之间一触即发的紧张局势。

第三件事是关羽拒婚。

孙权曾为他的儿子求关羽的女儿做媳妇，遭到关羽的严词拒绝：

> 先是，权遣使为子索羽女，羽骂辱其使，不许婚。权大怒。（《三国志》卷三十六《蜀书·关羽传》）

据说，关羽骂得很厉害："吾虎女安肯嫁犬子乎！"他自视为虎，睥睨孙权为犬，很看他不起。因为，在汉献帝建安二十二年（217）曹操大军压境，孙权征战不利时，派人见曹操求和，并投降了曹操。关羽誓言与汉贼不两立，拒绝与孙权做儿女亲家，是在情理之中，亦是关羽性情刚烈的一种表现。孙权不识相，自讨没趣，关羽骂人的话传到他的耳朵里，他自然要恼恨不已。

关羽的这番诟骂孙权，很为后世人士所赞赏："解围谢曹氏，绝婚诟吴依。"（明·吴献台）"恩报曹瞒还去魏，婚辞汉贼还吞吴。"（明·李琪）"却辽数语凛冰霜，骂婚还赐惭二贼。"（明·陈省）他们认为他骂得好，拒婚是正确的，孙权是汉贼，关羽怎么能和他结为儿女亲家？但是，也有人认为其后的孙、刘交恶，兵戈相见，是由关羽的拒婚引起的，"衅起孙吴为绝亲"。（元·刘纬）

在古代，政治婚姻由来已久。春秋战国时期，各诸侯国就时常因为政治斗争的需要，由两个王室成员结为舅亲，构成某种联合阵线。这种政治婚姻虽然可以使两国（或集团）修好于一时，但是，却是不巩固的、不长久的，一遇风波，便会破裂，姻亲也会反目成仇。就像秦、晋两国由联姻而结成的"秦晋之好"，后来成为传世佳话，但是，两国的关系却因政治风云变幻，利害冲突迭起，发生过许多次战争，有姻亲关系也无济于事。就是在三国时期，这类事情也是很多的。曹操曾经让自己的儿子曹整与袁谭的女儿结亲，这是曹操利用联姻暂且安抚袁谭的一种手段。过后不久，曹操就与袁谭再次反目，终于将其杀死。孙权为了与刘备结成统一战线，共同对付曹操，也曾将其妹妹嫁给刘备。但是，这种姻亲关系也没有使孙、刘二家长期修好。所以说，这种政治婚姻是靠不住的。他们所建立的某种婚姻关系，只不过是一时的政治需要，而许多女子却因此成为他们进行政治游戏的一种牺牲品。因此，关羽的拒婚，绝不是两国兵衅的根本原因。以此来批评关羽是不公正的。不过关羽拒婚，加剧了孙、刘矛盾，倒是实在的。

关羽在荆州镇守时间很长，在民间有极为广泛的影响。因此，关羽在荆州有许多历史文化遗迹和民间传说，时至今日，还为群众所喜闻乐道。

先说荆州城。

荆州城又叫江陵城，一城二名，是历史地理上的正式称谓。荆州城还被叫作簸箕城和芦席城。这是流传在民间的两个名字。

传说，关羽奉刘备之命镇守荆州时，这里既没有险要处所可据，也无城池垣堑可守。为了防御北方的曹操和东方的孙权随时可能的进犯，关羽便决定修筑一座土城，这事被上天的王母娘娘知道了，她认为荆州是一块宝地，但是，由于长期战乱，兵戈不息，生灵涂炭，民不聊生。她想救民于水火，把荆州收回来，作为一块圣地，让当地居民永远避去灾祸，安居乐业。所以，她就派了九天仙女下凡去见关羽，索要荆州。

九天仙女来到荆州见了关羽，说明来意。关羽听了，心里自然是不愿交出荆州，但是，他也知道王母娘娘厉害，是得罪不起的，不敢硬顶，只能智算。他就想了个主意，要和九天仙女比赛筑城，九天仙女筑城的东面和北面，关羽筑城的南面和西面。时间只有一个晚上，鸡叫停止。如果九天仙女先完成她的工程，就把荆州收回去；如果关羽先完成他的工程，荆州就仍归关羽镇守。

九天仙女以为自己法力无边，比赛筑城，她一定能胜利，所以，就同意了关羽的主张。

当晚，筑城比赛开始后，关羽便急忙调动他手下的十万兵马，挖的挖，挑的挑，抬的抬，筑的筑，工地上热火朝天。而在九天仙女那边工地上却十分的冷清。她不担不挑，只用衣裙包土转运，只运去一裙土，倒下去，就堆成了一个城垛。没多大工夫，九天仙女就把东面的城墙筑好了。再筑好北城墙，也用不了多少时间。

关羽见这般光景，知道是比不过九天仙女的，情急生智，他便又想出来两个主意：一方面命令将士到江边低洼处割来一捆捆芦苇，编成一张张芦席，联结起来，矗立在西、南两方，远远看去，犹如城墙；另一方面，差人去近处农家院里的鸡窝边，拍打簸箕，诱使公鸡提前叫鸣。九天仙女听见鸡叫，远看关羽那边城墙都已筑好，心里吃惊，她不辨真假虚实，便以为自己输了，又不好意思再见关羽，就腾云驾雾，回天宫去了。

关羽筑起的荆州城，就因了这个传说，被称为簸箕城和芦席城。这个筑荆州城的故事，虽然只是个传说，却反映出在人民群众的心目中，关羽是个足智多谋的人，连天上的神仙，他都能胜了。

到现在，荆州城外西北郊还有一个地方叫九女冢，据说那就是九天仙女遗留下来的城垛。在荆州城东门外，有两个不大的土堆，人称画扇峰，也叫张飞一担土。传说是关羽和九天仙女比赛筑城时，领兵驻守在芦花荡的张飞两手拎了一担土赶来帮助关羽筑城，当他快赶到工地时，听到了雄鸡高唱，关羽的城墙筑好了，他觉着手里的一担土派不上用场了，顺手一丢，就成了两个相连的土堆。

其实，荆州城在周厉王时已有雏形，到秦代，便建成了荆州城，并成为当时的全国十大商业都会之一。关羽镇守荆州时，便又筑了一座土城。当地群众就是在关羽筑城的历史基础上，演绎了这个与九天仙女比赛筑城的神话。

再说得胜街。

走出荆州大北门（也名拱极门）便是护城河。河上有一座青石砌筑的石拱桥。桥南右侧的一通石碑上书有"得胜桥"三个大字。碑阴镌刻的碑文，说明了"得胜桥"的来由：

相传公元208年，赤壁之战后，曹操仓皇北逃，刘备军与吴军水陆并进，追到南郡，得胜而有荆州，从此入城，后人便称之为得胜桥。1934年龙舟竞渡，群众拥挤，桥体塌毁。1963年改建。

按碑文记载，得胜桥是赤壁战后，刘备由此桥进入荆州而称呼起来的，含有对刘备战胜的纪念意义。

走过得胜桥，是荆州城外的北门大街，当地群众称之为得胜街。得胜街并不是得胜桥名的扩延，而是因关羽的战功而得名的。

相传，关羽镇守荆州时，在城外西北方修建了演兵场、点将台；他每天都要带领兵将到那里去操练。往返时都经过北门大街。日久天长，北门大街上的群众都很熟悉他。后来，关羽每次出征打仗经过这里时，老百姓就夹道欢送；待到他打了胜仗回来时，老百姓就敲锣打鼓，燃鞭放炮，杀猪宰羊，犒劳三军。也就是因了这一层缘故，北门大街就被平民百姓叫成了得胜街。

从得胜街得名的经过，可以看出关羽当年在这里镇守时，是很受老百姓拥护的。

还说点将台。

点将台在荆州城西约5公里处的花园乡公路边，是一处又高又大的土堆，方圆有18亩大，高41.5米。相传这里就是关羽镇守荆州时练兵点将的地方。

点将台东北方还有一处高地叫拍马山。

相传有一天，关羽天不明就来到拍马山，天色昏暗中，只听见马蹄嘚嘚，震地动天，隐约可见一个人催着战马驰向山巅，飞过平地，往来之间，忽而飞腾跳跃，忽而跨背藏身，枪击劈杀，格斗擒拿，动作熟练，身手灵敏。关羽看了，暗里叫好，但却又认不出是自己手下哪一位大将。

天色大亮以后，那个骑马练武的人从山上奔驰下来，关羽才看清他是自己二儿子关兴的马童，便叫了过来，问了个明白。他觉得小马童的武艺并不比自己手下那些将军差。

后来，有一次，关羽决定发兵去攻打樊城的曹军，他登上点将台时，他手下的将军们都眼巴巴地希望关羽能够派自己带兵出征。谁也没有想到，关羽却指名道姓，要小马童领兵出征。那小马童没有辜负他的厚爱，带领兵马去到樊城，施展巧计，突出奇兵，把曹军打了个落花流水。小马童凯旋时，关羽还亲自出荆州城迎接。

点将台上，关羽是不拘一格选拔英才。

还有一个马跑泉。

马跑泉在荆州城西北约15公里的八岭山上。泉旁有清道光二十六年（1846）镌立的《汉关公马跑泉碑》，碑文写道：

> 泉以马跑名，邑乘载之。历传汉关帝走马处也。泉水清冽而味甘。积霖不溢，久旱不竭。乡人请其水疗疾，辄立效焉。想见帝德巍巍……泉之傍旧有明碑，系万历十三年（1585）立。惜其文漫灭，其可认真仅有：刘先主困当阳时，关公引师救之，取道过此，人马俱困，忠义感泉涌出，传诵至今。

民间传说是，关羽为援助困在当阳的刘备，路过此地时，人马困乏，近处没有水源，正在大家焦急无奈时，关羽的坐骑赤兔马昂首嘶鸣，用蹄刨地，竟然刨得一眼清泉，解了燃眉之急。马跑泉由此得名。

还有一座王家铺汉寿祠。

王家铺在今监利市境，距监利市约10公里。王家铺又名王家巷，也叫芦花市，在长江边。据说，关羽在镇守荆州时，对长江水利防洪问题十分重视，经常带领官员沿江巡查。有一年，阴雨连绵，江水暴涨，关羽下令军民上江堤抗洪抢险。一天，王家铺江堤溃决，形势十分危险。正好关羽巡江来到这里，他不顾一切，扬鞭催马，跃入决口处，在江水中指挥堵口。江堤上的将士、百姓看见关羽舍身带头抢险，也纷纷跳下水去。经过大家齐心协力抢救，终于将决口堵住，使这一带百姓的生命财产没有受到损失。老百姓感激关羽治水救民的功绩，便在王家铺修了一座庙纪念关羽，这便是汉寿祠。

笔者在采访关羽历史文化遗迹过程中，每到一地所见关帝庙并问起建筑的情由，大都是因了关羽的"神威""灵验"，才建庙奉祀他的神主，祈求他在冥冥之中的保护。而只有这一座汉寿祠，却是因为他治理长江，有功于民，为了纪念他的治水功绩，才修筑起来的。关羽长期镇守荆州，历史传说中，说他的战功比较多，而政绩却很少提起。这座王家铺汉寿祠就是鲜为人知的关羽政绩的文化遗存。因此，可以说，王家铺汉寿祠不同于一般的关帝庙。

在荆州，还有许多关羽的历史文化遗迹，如南门关帝庙——关羽督都荆州时的府邸；荆州城里三座山——松甲山、卸甲山、掷甲山；摩旗台、洗马池、平头冢、安民冢、三义庙、十回桥、烟堆等等，每一处都有与关羽相关的传说故事。这些足以说明，关羽在荆州民间是多么受当地人民的厚爱。

○
○

威声震华夏

关羽手握重兵，镇守荆州，经过多年的苦心经营，成为刘备在益州东边的一支可靠的威慑力量，他既可以北向中原攻击曹操，又可以沿江顺流而下突袭孙权。因此，无论是孙权，还是曹操，都不敢轻视他。

但是，由于荆州地理位置的重要，东吴孙权和中原的曹操，对它都是虎视眈眈，欲取之而后快。这是刘备、诸葛亮和关羽心里都十分清楚的事。所以，关羽镇守荆州也是小心谨慎，不敢大意的。从汉献帝建安十六年（211）到二十四年（219）这一段时间里，荆州方面的形势还是相对稳定的。

汉献帝建安二十四年（219），曹操从长安出兵，逼临汉中，与刘备争战失利后又引军返回长安。刘备遂据有汉中。这年七月，刘备自立为汉中王，对追随他南征北战、建有功勋的人都加以赏封：诸葛亮为军师将军，关羽为前将军，张飞为右将军，马超为左将军，皆假节钺，有生杀予夺之权；黄忠为后将军，赵云为翊军将军。关、张、马、赵、黄被世人称为刘备麾下的五虎上将，关羽为其首。按关羽与刘备的关系、声望和战功，他是理所当然应居此位，并当之无愧的。

关羽和张飞雄壮威猛，叱咤沙场，风云一时，是"万人之敌"的良将。他们的性格不同，关羽刚而骄，张飞烈而猛。陈寿在《三国志》里评价他们："羽善待卒伍而骄于士大夫，飞爱敬君子而不恤小人。"（《三国志》卷三十六《蜀书·张飞传》）他还批评关羽"刚而自矜"，这是正确的。关羽追随刘备南征北战，功不可没，但是，他自恃颇高，对一般人不大看得上眼。刘备在益州得到马超这员战将，关羽便写信给诸葛亮，询问马超的才干，谁可与他匹敌。诸葛亮很聪明，熟悉关羽的心理状态，便写信回答他：

孟起兼资文武，雄烈过人，一世之杰，黥、彭之徒，当与益德并驱争先，犹未及髯之绝伦逸群也。羽须美髯，故亮谓之髯。羽省书大悦，以示宾客。（《三国志》卷三十六《蜀书·关羽传》）

马超是一员虎将，尽管"雄烈过人"，是"一世之杰"，但是，他不过是黥布、彭越（二人都是刘邦手下的大将）一流的人物，只可以与张飞类匹，比不上你"绝伦逸群"的关羽。诸葛亮这番话，使关羽自负的心理得到满足，所以，他十分高兴，将这封信展示给他的宾客看。

当汉中王刘备授关羽、张飞、马超、黄忠、赵云均为将军时，诸葛亮就预料到关羽对老将黄忠的授职会不赞同，因此，向刘备提出来，要他考虑如何消除关羽的不满情绪。刘备对他的这位二弟是很了解的，他派前部司马费诗去见关羽，授假节。果然，费诗一去，说明来由，关羽就光火了，拒绝受拜。他的理由是："大丈夫终不与老兵同列！"他认为与老将黄忠并称将军是一种耻辱。而费诗是刘备授意而来的，早有思想准备。因此，他很聪明地开导关羽：

"夫立王业者，所用非一。昔萧、曹与高祖少小亲旧，而陈、韩亡命后至，论其班列，韩最居上，未闻萧、曹以此为怨。今汉王以一时之功，隆崇于汉升，然意之轻重，宁当与君侯齐乎！且王与君侯，譬犹一

体，同休等戚，祸福共之。愚为君侯，不宜计官号之高
下，爵禄之多少为意也。仆一介之使，衔命之人，君侯
不受拜，如是便还，但相为惜此举动，恐有后悔耳！"
羽大感悟，遽即受拜。（《三国志》卷四十一《蜀书·费诗
传》）

费诗导之以史，晓之以理，使关羽悟解了，他抛弃了
成见，接受了拜封。

从这两个故事，可以看到关羽"刚而自矜"性格的另
一面。他并不是一个固执己见、顽固不化的人，他还能听
别人的意见，只要觉得人家的意见有道理，他也能够接受。
这也是他的可贵之处。

关羽拥兵荆州，养精蓄锐，并图谋发展。

就在刘备称汉中王、拜关羽为前将军后不久，关羽于
汉献帝建安二十四年（219）七至八月间，对曹操采取了一
次强有力的军事行动。他让南郡太守糜芳守江陵，将军傅
士仁守公安，成为掎角之势。这是关羽在出兵击曹操前，
为防备孙权侵犯，保证后方安危和前方物资补给的一种措
施。这一招，显示了关羽的战略意识。在做出这种安排之
后，他便亲自带兵攻打曹兵据守的樊城，发动了襄樊战役，
试图打开通往许都的门户。樊城在汉江之北，与在汉江之
南的襄阳隔江而峙。樊城的守将征南将军曹仁是曹操的族
弟。曹操晓得樊城的得失事关重大，所以，便派左将军于
禁去帮助曹仁守卫。曹仁命于禁和立义将军庞德带兵屯守

樊城以北。八月，天降大雨，汉水暴涨，平地涌起洪水数丈。于禁和庞德被围困在尚丘之上，关羽带荆州水军乘船攻打，结果，于禁等七军三万余人全部覆没，他穷途末路，投降了关羽。另一大将庞德落水被俘，拒不降附，被关羽杀死。这就是在《三国演义》里被大肆渲染的"关云长放水淹七军"。关羽在对于禁、庞德的这一次战役中，利用天降大雨、汉水溢涨的天机和荆州军熟悉水战的优势，取得了胜利。

在于禁的七军覆没之后，关羽便全力攻打曹仁据守的樊城。在洪水的冲击下，樊城城墙不断坍崩，危在旦夕，城内守军极为恐慌。

《资治通鉴》卷六十八《汉纪六十》记载：

> 羽急攻樊城，城得水，往往崩坏，众皆恂惧。或谓曹仁曰："今日之危，非力所支，可及羽围未合，乘轻船夜走。"汝南太守满宠曰："山水速疾，冀其不久。闻羽遣别将已在郏下，自许以南，百姓扰扰，羽所以不敢遽进者，恐吾军掎其后耳。今若遁去，洪河以南，非复国家有也。君宜待之。"仁曰："善!"乃沈白马与军人盟誓，同心固守。城中人马才数千人，城不没者数板。羽乘船临城，立围数重，外内隔绝。羽又遣别将围将军吕常于襄阳。荆州刺史胡修、南乡太守傅方皆降于羽。

关羽此时气势很盛。曹仁困守的樊城被大水和关羽的水军围困，形势非常危急。守将中有人主张逃出樊城，而汝南太守满宠分析了形势，认为洪水是暂时的，不会泛滥太久。虽然关羽气势汹汹，但是，攻不下樊城，他也不敢贸然北进。所以，应该固守樊城。曹仁听从了满宠的意见，杀白马与将士盟誓，决心固守樊城。满宠的建议是樊城没有易手的关键。

由于关羽在襄樊前线的胜利，不仅曹操的一些地方官吏投降了关羽，许都以南地区民众也纷纷响应关羽。

《资治通鉴》卷六十八《汉纪六十》记载：

陆浑民孙狼等作乱，杀县主簿，南附关羽，羽授狼印，给兵，还为寇贼，自许以南，往往遥应羽，羽威震华夏。魏王操议徙许都以避其锐，丞相军司马司马懿，西曹属蒋济言于操曰："于禁等为水所没，非战攻之失，于国家大计未足有损。刘备、孙权，外亲内疏，关羽得志，权必不愿也。可遣人劝权蹑其后，许割江南以封权，则樊围自解。"操从之。

关羽在他戎马征战的生涯中，襄樊战役达到了事业的顶峰，取得了"威震华夏"的巨大成功，使得曹操都考虑要离开许都，以躲避关羽咄咄逼人的兵锋。只是由于司马懿和蒋济的劝解，曹操才没有迁都。

对关羽的这番功绩，后人有许多赞美之词，"巨浪淹七军，襄樊列艨艟。禁俘德亦虏，大江血流红。威声震华夏，皎日悬晴空。陆浑亘许洛，壶浆若云从。"（明·吴献台《题壮缪侯像》）"攻樊之师尤烈烈，歼庞降禁七军戕。威震华夏瞒夺魄，许都之议何苍黄。"（明·陈省《鼎新武安王庙颜歌》）"举襄围樊势破竹，七军电扫如秋蓬。禁俘德枭两雄兔，大泽艨艟莽回互。天崩地坼华夏惊，六合几完汉时故。自许以南遥受盟，壶浆箪食侯汤征。笑杀曹瞒挟汉帝，中原元穴逃生鲧。"（明·胡应麟《谒汉寿亭侯庙歌》）

分析一下关羽此番征战的胜利，他是占有了天时、地利、人和的因素。

首先，就天时来说，天降大雨，汉水暴涨，帮了关羽的大忙。关羽水淹七军之地在罾口川，这地方地势低洼，原本是一片荒滩。它的南面是波浪滚滚的汉水，北面是纵横交错的红水河、排子河、马张河、清河以及黄龙堰、黑龙堰等五条堰圹，西面是岗峦起伏的丘陵，从而构成西边高、东边低的地理形势。当关羽出征襄樊时，曹仁就命令于禁和庞德驻守在这一带，目的在于防止关羽渡过汉水，从背部袭击樊城。曹仁的这一招，从实战结果看是一个败招。因为，在战争进行中，天气突变，连降大雨，这一带便成了一片汪洋，浅水数尺，深水数丈。从北方来的曹军不习水性，处境十分困难。而关羽利用了这有利时机，挖开汉江大堤，引汉水直灌樊城。关羽就这样利用滔滔汉水，倾覆了于禁等七军，又将曹仁团团围困在樊城，对曹军形成一种不可抵挡的优势。

其次，就地利来说，关羽虽然仅据有荆州的一部分地区，但是，面对襄樊来说，还是占有地理条件上的优势，在一般的情况下，他可以进退自如。而且，刘备在取得汉中以后，又攻占了上庸等地，对襄樊也形成了压力。

第三，就人和来说，曹操占领的南阳郡和南郡北部地区的官吏、百姓，并没有完全归附，反抗活动不时发生。说明曹操在这一地区的统治很不稳定。就当地民心来说，既不听命于曹操，也不倾向于东吴，而是有利于刘备。

因此，关羽就取得了成功。但是，就关羽内部来说，也潜伏着矛盾，这是关羽自己没有料到的。另外，孙、刘两个集团的矛盾，关羽虽然有所警惕，但是，在战争进行的紧要关头，由于曹操的挑拨，孙权的突然变卦，弄得关羽措手不及，使得他从事业的顶峰一下子跌入了深谷。

今天，当年关羽水淹七军的古战场——罾口川，已变成了一望无际的良田，但还有一些因关羽征战时的有关传闻而得名的地名，如跑马大道、马棚、鏖战岗、擂鼓台、酒店……这些带有一千八百余年前那场战争烙印的历史文化遗址，仍然流传在当地群众的口碑之中。

○
○

麦城长遗恨

襄樊战役，水淹七军，把关羽推到了历史激流的浪尖上，但是，随之而来的风云变幻，又使他坠入了险恶的深渊。

刘备、孙权的结盟，是一种暂时的相互妥协、相互利用的现象，从长远的战略形势观察，它的基础是薄弱的、不巩固的，随时都有可能出现裂缝，导致联盟的破坏，形成军事对抗。荆州地区之争是这两个集团矛盾斗争的表象，其实质还是在于长远的建立统一政权的欲望。在这一方面，刘备较之孙权更为强烈一些。因为，在他看来，他所要建立的一统政权，不仅是一个新的王朝，而且是刘氏创建的汉政权的衍袭。刘备多年来就是以"皇叔"的正统身份，活跃于各种政治、军事势力之中，并以此为号召的。

关羽在襄樊战役中取得的胜利震惊了华夏，不仅使曹操动魄，而且也极大地触动了孙权的神经。正如曹操的谋士们所分析的，对关羽的成功，孙权是不愿意的、不期望看到的。因为，关羽的胜利不仅威胁到曹操，而且也必将威胁到孙权。因此，孙权便决定趁关羽率兵征伐樊城的机会，进攻关羽的后方。

其实，东吴集团对关羽虎视眈眈，图谋已久，所以未发，只是时机未到而已。关羽对此也是警觉在心，他在北征曹操时留下相当数量的军队，就是为了对付东吴可能发动的袭击。

鲁肃在世时，力主孙、刘联盟对付曹操。他的威望与智略对孙权有很大影响，使孙、刘之间脆弱的联盟关系能够维持，尽管吕蒙曾向孙权提出对付关羽的五条密策，他都没有接受，仍对镇守荆州的关羽采取睦邻友好政策。待到鲁肃病亡，由吕蒙取代鲁肃的地位，镇守陆口，与关羽相拒，形势就发生了变化。

吕蒙与已故的周瑜都不同于鲁肃，他们均不主张孙、刘结盟，而是力主吞灭刘备，壮大自己的势力，以与曹操抗衡。这种主张是建立在他们对东吴集团实力过高估计的基础上。

吕蒙在孙权的支持下，采取了两面派的手法：一方面，继续向关羽表示友好，以麻痹他；另一方面，积极策划，伺机袭取荆州。

吕蒙首先给孙权写了一封密信，建议说：

"羽讨樊而多留备兵，必恐蒙图其后故也。蒙常有病，乞分士众还建业，以治疾为名。羽闻之，必撤备兵，尽赴襄阳。大军浮江，昼夜驰上，袭其空虚，则南郡可下，而羽可禽也。"遂称病笃，权乃露檄召蒙还，阴与图计。羽果信之，稍撤兵以赴樊。（《三国志》卷五十四《吴书·吕蒙传》）

吕蒙以治病为幌子返回建业，让名望不高的陆逊代他驻守陆口。陆逊到任之后，就写了一封信谦卑肉麻地恭维关羽：

"前承观衅而动，以律行师，小举大克，一何巍巍！敌国败绩，利在同盟，闻庆拊节，想遂席卷，共奖王纲。近以不敏，受任来西，延慕光尘，思禀良规"。又曰："于禁等见获，遐迩欣叹，以为将军之勋足以长世，虽昔晋文城濮之师，淮阴拔赵之略，蔑以尚兹。闻徐晃等少骑驻旌，窥望麾葆。操猾虏也，忿不思难，恐潜增众，以逞其心。虽云师老，犹有骁悍。且战捷之后，常苦轻敌，古人杖术，军胜弥警，愿将军广为方计，以全独克。仆书生疏迟，忝所不堪，喜邻威德，乐自倾尽，虽未合策，犹可怀也。傥明注仰，有以察之。"羽览逊书，有谦下自托之意，意大安，无复所嫌。(《三国志》卷五十八《吴书·陆逊传》)

吕蒙托病去往建业，蒙住了关羽的眼睛；陆逊的一封书信，麻痹了关羽警觉的神经。他随即犯了两个严重的错误：将留在后方警戒东吴进犯的军队调了一部分去襄樊前线，形成后方空虚；又因为得到于禁降卒数万人，粮食乏绝，轻率地取了孙权在湘关的粮米自用，给孙权以用兵荆州的口实。

孙权得知这些消息后，就趁机用兵。他亲自率队沿江西上，以吕蒙、陆逊为前部。为不使关羽巡江的部属察觉，吕蒙把战船改扮作商船模样，士兵隐藏在船舱中，摇橹的士卒都穿上白色衣服，扮成商人，白天黑夜，不停地进发。遇到关羽岗哨，都予以收服。东吴大军直逼南郡。关羽这时在襄樊前线，还被蒙在鼓里。

此时，如果关羽的守将在发觉东吴兵犯境后，即起抵抗，也许可以拖延时日，待关羽从襄樊前线撤兵回来救援，内外夹击，尚有挽回败局的可能。然而，不幸的是，关羽留守的南郡太守糜芳，因为南郡军营失火事件，受过关羽的责罚。关羽出征后，让糜芳和公安守将傅士仁负责大军粮草供应，他们有时供应不上，关羽很恼火，扬言还兵之后要惩治他们。糜芳、傅士仁一向因为关羽看不起他们，心里早有怨恨情绪；又因粮草供应不及时，听说关羽要惩治他们，便恐慌不安。孙权兵临城下，派人去劝说，他们不做抵抗，便开门投降。

后方失守，是关羽所没有料到的。与此同时，在襄樊前线，曹操派来救援樊城守军的平寇将军徐晃与关羽对阵，关羽失利，因此，关羽不得不从襄樊前线撤军。

吕蒙进占江陵、公安后，关羽及其将士的家属都被掌握在他手中。吕蒙很有政治头脑，对他们不加伤害，而予以安抚。关羽从襄樊撤军以后，曾多次派人到江陵探听情况，吕蒙又厚待他们，允许他们在城中周游，互通书信。吕蒙的怀柔政治攻势是成功的，关羽将士得到家属平安无恙、生活得到照顾的消息便失去了斗志，无心与东吴争战。

关羽势孤力弱，便带着少数兵卒西去，退守于麦城（今湖北省当阳市东南）。孙权一面派人进城诱降，一面派潘璋、朱然截断他的归路。关羽突围后，与其子关平等在临沮（今湖北省远安县）罗汉峪里遭伏击，被东吴兵俘获。此地被后人名之为回马坡。新编的《远安县地名志》说：

回马坡，位于远安县鸣凤镇西北18.5公里，罗汉峪沟中游地段，为洋坪公社所辖。罗汉峪沟东西走向，峪谷段长约10公里，地势险要，两崖峭壁悬岩，沟水长流，清澈见底，古为通往蜀地要道。

三国时，关羽大意失荆州，败走麦城。麦城被困，欲取临沮小道，由罗汉峪沟去四川求援。吴国吕蒙命部下朱然、潘璋预先于罗汉峪沟岔中设下伏兵，关羽至此觉察，勒马撤回；吴兵一声号令，长钩套索，一齐并发，绊倒战马，关羽父子被擒。后人因此将此地命名为回马坡。

回马坡的地形的确是十分险要，真有一夫当道、万夫莫过之势。现在，这里傍山建有一通清同治七年（1868）镌立的石碑，碑的正面刻有十九个大字：

呜呼，此乃关圣帝君由临沮入蜀遇吴回马处也。

碑阴刻有"汉寿亭侯像"，是骑马像，下边刻有一段文字：

汉末，三国鼎立。建安二十四年冬，吴蜀大战，蜀将关羽兵败至此，回马被擒，亡年五十八岁（应为五十九岁）。后人有诗叹曰：
汉末才无敌，云长独出群。

神威能奋武，儒雅更知文。

天日心如镜，春秋义薄云。

昭然垂万古，不止冠三分。

汉献帝建安二十四年（219）十二月，关羽及其子关平、都督赵累同时遇害于当阳漳乡。关羽时年五十九岁。叱咤风云的一代将星陨落了。

对孙权、吕蒙破坏孙刘联盟，突然袭击关羽后方，致使关羽败走麦城，父子因之不幸亡命，后世之人多有愤慨、惋惜、悲叹之词。

南宋著名学者朱熹说：

学者但知曹氏为汉贼，而不知孙权之为汉贼也。若孙权有意兴复汉室，自当与先主协力并谋，同正曹氏之罪；如何先主才整顿得起，便坏倒，如袭取关某之类是也。（《解梁关帝志》卷之二）

明代文学家王世贞说：

呜呼，篡汉者瞒也，成瞒篡者权也。瞒，名汉臣也，实汉贼也；权，阳瞒敌也，阴瞒翼也。公批亢于前，而不虞奸于腋，七军甫淹，六师随厄，使永安之恨不在许昌而在公安。（《关圣帝君圣迹图志全集》卷之五）

这是一种具有广泛意义的代表性观点：曹操是汉贼，孙权也是汉贼。曹操欲置关羽死地而不能，孙权则用奸谋而毙关羽之命。他的罪责尤在曹操之上。

也还有人认为，关羽失败的责任在于刘备和诸葛亮。王世贞说：

> 世以失荆州为关侯罪，吾以为非关侯之罪，乃昭
> 烈之失也。昭烈之失，在委侯以为操角而不为之继也。
> 夫操，猾虏也，割天下之三，垂而以戎马据其吭，侯
> 虽获于禁七军，能保操之不自至乎？操至，侯保其能
> 胜乎？即胜，能孤军乘而深入乎？不胜，其何以退乎？
> 夫胜而不能退，是胜亦危也；不胜而不可以退，是不
> 胜更危也。俱非所以有荆州之道也。当是时，昭烈或
> 自出，或以委子龙、翼德率三万之众而驻江陵为侯声
> 援，侯进，可以藉其威以挟操，退，可以有所就而无
> 他虞。虽百蒙、逊，其何能为？而荆州固于泰山矣。
> 夫以昭烈之明，孔明之智，而计不能及此，天也。
>
> （《解梁关帝志》卷之二）

也有人不同意王世贞的观点，认为：刘备当时初定汉中，诸葛亮方理内政，无力分师支援关羽。因此，关羽在荆州的失败，刘备和诸葛亮是没有过失的。

更有人认为如果关羽不死，他必将"并魏吞吴"。元人

胡琦说：

> 于是，威震中原，莫不响应……当是之时，义师
> 之气可谓振矣！非有勇者能如是乎？不幸衅生于邻国，
> 祸起于萧墙，堕吴儿计中，使其不死，历以岁月，并
> 魏吞吴必矣。（《解梁关帝志》卷之二）

清人卢湛更有论说：

> 曹操之死，去章乡之难，仅一月。而丕（曹丕）
> 即以操死之年篡汉矣。使阿蒙（吕蒙）无掣肘之谋，
> 荆州无破巢之患，虽曹仁坚守，徐晃力战，而操死可
> 待，帝师可整，吾知逆丕之众，方旰食不暇，而敢从
> 容肆志以图禅代乎？是帝之一身，实四百年汉业所系
> 焉者。而吴人为鬼为蜮，务有以害之而后已，则其得
> 罪高（汉高祖刘邦）光（汉光武帝刘秀），诚不可复赎
> 矣。故并以操丕篡之年月附之，以见汉之亡，由于帝
> 之亡，而吴之贼甚于魏之贼也。（《关圣帝君圣迹图志全
> 集》卷之二）

这当然是一个良好的愿望，也是过高估计了关羽的能
量，而缺乏对三国时期各个集团斗争的历史辨析。

后人还用许多诗句表达他们对关羽亡逝的痛惜情绪。
"惜我壮缪功不就，竟令豺虎还纷纷。"（金·张珦）"欲除

曹氏眼前害，岂料吴儿肘后欺。报国忠心千载著，复仇遗恨几人知。"（元·何溟）"三分鼎据今犹恨，不恨曹瞒恨仲谋。"（明·袁翔）"孤忠凛凛犹生色，三国茫茫竟逝波。地下应含千古恨，雄心未复旧山河。"（明·张京安）"中原父老瞻依日，西蜀君臣倚重时。何事苍天厌炎祚，至今遗恨使人悲。"（明·侯加采）"千秋遗恨在，谁与问东风。"（清·张鹏翮）等等。

关羽在荆州的失败，有外因也有内因。

从外因来说，首先，他面对的曹操是强大有力的，不可能一举而摧垮。所以，关羽虽然在襄樊战役中取得水淹七军、俘禁斩德、威震华夏、许都仓皇的辉煌胜利，但是，曹操还是有力量反击的，因此，樊城便久攻不下，关羽无力前驱中原。

其次，正如曹操的谋士们所预料的，关羽的成功是东吴所不愿意看到的。关羽在襄樊前线的胜利，使孙权不惜破坏脆弱的孙、刘联盟关系，出兵荆州攻击关羽的后方，从而，直接导致了关羽的失败。

从内因来说，首先，关羽的出兵襄樊，缺乏战略上的通盘考虑。按诸葛亮在《隆中对》中的策略，"天下有变，则命一上将将荆州之军以向宛、洛，将军（指刘备）身率益州之众出于秦川，百姓孰敢不箪食壶浆以迎将军者乎？"这种东西夹击战略，使曹军处于两线作战的地位，对曹操威胁是很大的。可是，关羽师出荆州，而刘备在汉中却没有动静，这只能说明事前没有进行周密的策划。明人王世贞对关羽孤军北征失利的分析，是有一定道理的。

其次，刘备军内的潜在矛盾，在战争进行到关键时刻暴露出来，使关羽孤掌难鸣。当关羽在樊城久攻不下时，曾召驻兵上庸的刘封、孟达率兵来支援，但遭到拒绝。

自关羽围樊城、襄阳，连呼封、达，令发兵自助。封、达辞以山郡初附，未可动摇，不承羽命。（《三国志》卷四十《蜀书·刘封传》）

刘封、孟达的拒不援助行为，是不能原谅的。尤其使世人慨愤的是麋芳、傅士仁临阵叛军，祸起萧墙，从内部断送了关羽。麋芳、傅士仁与关羽的矛盾由来已久，关羽"刚而自矜"的性格是形成其矛盾的一个因素。

关羽被害后不久，吕蒙便发病死去，曹操也于延康元年（220）正月逝世。他的儿子曹丕于当年十月废除汉献帝，自己登上皇帝宝座，国号魏，改元黄初。刘备在黄初二年（221）四月，也即皇帝位，国号改为汉，后世称蜀或蜀汉，改元章武。孙权在黄初三年（222）接受魏文帝之封为吴王，到229年称帝，国号吴，改元黄龙，三国鼎立局面最终形成。

关羽被东吴孙权杀害，对刘备是一个沉重的打击，他失去了一个重要的战略地区，也失去了一个"恩若兄弟"的大将。他当然不甘心失败，决意要出征东吴，夺回荆州，也为关羽报仇雪耻。对他这次东征行动，其政权内部有很多人不赞成。但是，刘备固执己见，不听劝阻，他于章武元年（221）七月亲率五六万大军约同张飞一道东征孙权。结果是，张飞在受命之际，被手下将领张达等杀害。刘备于次年（222）带兵至猇（xiāo）亭与东吴对阵，刘备战败，损兵折将，逃回白帝城。章武三年（223）四月，刘备病逝。至此，当年"桃园结义"的三弟兄都离开了人世。

刘备的东征孙权，无论从政治上或军事上考虑都是不明智的。但是，他的这一行为却被世人所赞赏，因为，他打着为他的结义兄弟报仇的旗帜，是很能触动人心的。所以，虽然他以东征失败而告终，却赢得了人们的同情。再加上小说、戏曲的渲染，刘备重恩义的形象便深入人心了。

关羽败走的麦城，位于当阳的东南。

当阳在荆州与襄樊之间，是军事要地，历来是古战场。汉献帝建安十三年（208）曹操亲率大军南征时，刘备从新野兵败南行，曹操穷追不舍，就在当阳长坂坡展开了一场恶战。至今，那里还流传有长坂坡之战的众多故事，为人们茶余饭后的谈资。

关羽镇守荆州期间，常来当阳，这里也留有他频繁行走的足迹，以及与他有关的历史文化遗迹。如清溪、河溶、脚东、黑土坡、跑马坡、落帽冢、载起帽、连三包、关兴坡、呼儿山、拖刀石等等。可见，关羽在当阳民间传说中的影响并不次于荆州。当然，在这众多的历史文化遗迹中，最引人关注的当是麦城。

麦城遗址在现今当阳市东南二十公里处西河乡境内的

麦城村。麦城村又名群利村。闻名于世的麦城仅剩下一段南北长约600米、宽约100米、高30米的残垣断壁。考古工作者认为，这一段遗迹，极可能是麦城的西门。当地群众把现存的遗址称为朝阳山。

麦城在东周时就是楚国的重要城邑。楚国有位名将伍子胥，他父亲伍奢和哥哥伍尚都被楚平王杀死。伍子胥辗转逃亡到吴国，当了吴国大夫。为报杀父之仇，他在周敬王十四年（前506）率领吴国兵马攻入楚国郢都，在攻打麦城时，他筑了一座驴城和一座磨城，驴城在东，磨城在西。所以，当地至今还流传有民谣："东驴、西磨，麦城自破。"可惜，驴城和磨城早已荡然无存。

关羽退守麦城后，内缺粮草，外无援兵，形势非常困难，关羽便决定留下部将周仓和王甫固守麦城，他自己则带了儿子关平和都督赵累及少数兵马突围出城，西去益州搬兵，再图恢复。

关羽去益州，有通行大道，也有山间小路。关羽生怕东吴孙权会在大道上设伏，所以，他选择了走小路。这条小路从沮河东边的山峦中蜿蜒向西北伸展，沿途所到之处，都艰险难行。

关羽是夜间出走麦城的。当他们一行人来到当阳西北二十公里处的百宝寨时，皓月当空，映照得沮河水、白虎头山夜色如画。关羽骑在马上，举目四望眼前的绿水青山，不由得想到他镇守荆州多年，苦心经营的美丽、富饶的荆襄宝地，转眼之间就要落入他人之手，心里便顿觉凄然，很是伤感。他勒马石壁前，沉思良久，便举起手中的青龙偃月刀，含悲忍泪，用刀锋在石壁上刻下了"绿水青山"四个大字。当他刻到"山"字时，突然狂风骤起，月昏星暗，那壁竟然坠下一块来，使个"山"字残缺不全。关羽心里便生出了不祥的感觉："半壁江山，大抛去矣！"荆州失守，无疑是汉中王刘备丢掉了半壁江山！

"绿水青山"，寄托了关羽对荆襄宝地山山水水的无限眷恋之情。

镌刻在石壁上的"绿水青山"四个大字，苍劲有力，很有气势，现在依然保存完好。当阳民间传说现在保存下来的字，不是关羽当年刀刻的，而是东汉著名书法家蔡邕书写的。

关羽从百宝寨继续前行，从而进入了临沮罗汉峪，闯入了东吴的埋伏圈。

关羽父子在临沮罗汉峪中了埋伏遇害，消息传到麦城，奉命固守待援的周仓和王甫如何应对，没有记载，民间传说也没有这方面的资料。倒是周仓有葬处。

周仓墓在两河乡，距麦城遗址两公里远。墓前有清同治七年（1868）镌刻的一通墓碑，上书"汉武烈侯周将军讳仓之墓"。武烈侯是明神宗对周仓的封谥。

对周仓这个人，有不同的认识。

有人说，从来就没有周仓这个人，根据是《三国志》等史书里没有关于他的任何记载。

有人说，周仓确有其人。理由是：他在《三国演义》

里多次出现，追随关羽鞍前马后，征战多年；在戏剧舞台上的红脸关公戏里，周仓也是少不了的角色。在民间传说中，周仓与关羽之间发生的故事也很多。在全国众多的关庙中，都有周仓一席之位，如果没有周仓这个人，谁能虚拟这么多？

清光绪年间的《山西通志》是这样记叙的：

> 周仓，河东大阳人。从关公，以忠勇见亲。公遇害，仓死之。
>
> 旧志：仓，平陆人。有武勇，板筋虬髯，仪容甚伟。初为张宝将，自恨事非其主。比遇关公于卧牛山，翻然曰："匹夫失所依，今遇将军，如披云雾而见青天，愿步随，虽千里不辞也。"遂相从。当樊城之役，汉水暴溢，魏将庞德乘小舟欲还营，仓深知水性，驱大筏而来，冲翻小舟，生擒德上筏。其骁健如此。后守麦城，忠勇益厉，比闻关公遇害，遂死之。
>
> 谨案：将军姓名不见正史。或据《三国志·鲁肃传》："肃往益阳，邀关相见，各驻兵百步上，但将军单刀赴会。肃因言：'国家区区以土地借卿家者，以卿家兵败远来，无以为资故也。今已得益州，既无奉还之意，但求三郡，又不从命。'语未竟，坐有一人曰：'夫土地者，惟德所在耳，何常之有！'肃厉色呵之，甚切。关操刀起曰：'此自国家事，此人何知？'目使之去"云。所言"此人"，盖即仓也。《演义》实本以

立说。又元鲁贞作《关庙碑》有"乘赤兔兮从周仓"语，则其来已久。不得以史佚其名，遽断为无稽也。然如旧志所称，究当存疑，且直书为平陆人，亦未合。姑附著之。(《山西通志》卷一百三十六)

清乾隆二十八年（1763）《平陆县志》记叙的与《山西通志》相同，只是具体地说周仓是平陆县西祁村人。西祁村位于平陆县（平陆县在汉时为大阳县）城北15公里。村里原有古将军城遗址，还有周仓庙，群众称之为周爷庙。明人杨文卿曾写有一首题为《题周仓祠》的诗，称道周仓：

壮夫遇知己，愿为马前卒。
一死报主恩，身亡名未没。

在周仓庙前十余米处有周仓父母合葬墓，墓前有文字介绍说，周仓父名周子义，母名白海棠。不过，这都是由民间流传下来的，并非见于文字记载。

在周仓庙西有一条沟，叫作划沟，有数十米宽，数十米深，长二十多公里，北从中条山向南直达黄河边。传说，周仓家里很穷，为了养家糊口，他就经常徒步翻越中条山到河东盐池去担挑私盐，日久天长，练就了一副铁脚板，健步如飞；磨就了一对铁肩膀，能挑千斤重担。有一次他又去挑私盐，被官员发现，便追赶来要抓他。周仓快步跑过中条山，快到西祁村时，后边的官兵就要追上他了。情急之下，周仓放下盐担，抽出扁担，在身后就地一画，立马就出现了一条深沟，将官兵挡在了沟那边，周仓这才得以逃脱。划沟便由此而得名。

黄巾军起义时，周仓也参加了农民军，还是个小头领，归张宝统率。平陆县隔黄河对岸的河南省陕县境内有个黄巾寨，就是当年周仓带领的黄巾军扎过营的地方。

笔者在各地采访关羽历史文化遗迹的过程中，听到许多关于周仓和关羽之间发生的故事，这些故事都把周仓描绘为朴实、忠厚、勇猛的人。

根据以上内容分析，笔者认为：在历史上曾经有过周仓这个人，他的原籍是山西省平陆县西祁村。不能以不见正史便予以否定。因为，在当时来说，周仓地位不高，仅仅是关羽的一个随从人员，名望不高；后来的史书如《三国志》《华阳国志》等没有给他立传或附录他，是因为他不够规格，并不是因为他不存在。至于他后来的显赫，如明神宗封他为武烈侯，那无疑是沾了关羽的光。非止周仓，连关羽的坐骑赤兔马也沾了光，被封为追风伯。

东吴孙权虽然采用了吕蒙的计策，置关羽于死地，但是，他也知道，这事非同小可，孙、刘两家的联盟会被破坏，而且，刘备也不会善罢甘休。孙权也很狡猾，他杀死关羽以后，一方面以诸侯礼葬关羽身躯于漳乡，一方面于建安二十五年（220）正月将关羽的首级送到洛阳献给曹操。曹操对关羽的死自然是高兴的。但是，他也是聪明人，便也在死人身上做文章，以王侯礼葬关羽，表现他的大度和对关羽的敬重。关羽的躯体葬在当阳,首级葬在洛阳,所以,在当阳和洛阳两地都有关羽冢。

湖北当阳关陵,在关羽初葬时仅为一个土冢,后来,由于历代皇帝对关羽的倍加推崇,封谥有加,所以,墓地建筑规模不断扩大、增加。

《湖北通志》卷十八记载:

关陵在县西五里,背西向东,门临沮水。陵为土阜,高二丈,甃(zhòu,砌)石为垣,上加扶栏。周二十余丈。墓门有碑书汉时官爵。考吴历,孙权以诸侯礼葬之。邦人墓祭,岁以为常。宋开宝(宋太祖年号),诏置守冢三户。淳熙(南宋孝宗年号)中,襄阳太守王铢始建祭亭。环以垣墙,树之松柏。元至元(元惠宗年号)中,玉泉僧慧珍作祠门以表之。明成化三年(1467)诏修武安王墓,邑令黄恕请立庙,春秋祀之。此庙祀之始。墓前数武为寝殿,范铜为神像,冕旒执圭。殿前左右廊各五间。又前为大殿。又前为拜殿。左右廊各十二间。又前为戟门,为马殿。左右有门。门前左右为钟鼓楼。又前为三元门。门前为汉室忠良坊。左右列华表。又前为神道碑,覆以亭。寝殿左为启圣宫。大殿左为八角亭。中勒辞行像。后为春秋楼。楼下为承祭官斋宿所。亭前为斋房,为庖厨。大殿右伯子祠。祠后为佛堂拜殿。右为僧房庙,左为博士署。垣环绕袤三百余步,广二百余步。

关陵现在的规模，大致如上述记载。

当阳关陵又被当地人称为大王冢。

进入关陵，首先有神道碑亭，亭内矗立有"忠义神武灵佑仁勇威显关圣大帝汉前将军汉寿亭侯墓道"碑一通。亭前有一副楹联，写道：

> 滩水夜号蛟龙饮泣三分恨；
> 秋山昼啸草木声诛两贼魂。

从神道碑亭走过"汉室忠良"石牌坊，便是仪门。仪门后有马殿，殿内塑有关羽的赤兔马和其子关平的坐骑白马像。

马殿后是祭殿，殿的右方为斋房，过去是拜谒香客斋戒处，左方为签房。祭殿西厢为碑廊，保存有一批很有史料和艺术价值的珍贵碑刻。

祭殿后是大殿，殿门上悬挂有清同治皇帝手书的"威震华夏"匾额。殿里塑有关羽坐像。

大殿右前方为圣像亭，因亭内保存有"关羽辞曹行"画像碑而得名。圣像后为春秋阁，原有关羽夜读《春秋》塑像。塑像已毁坏不存。大殿左边有伯子祠，也名关伯子陪享祠，祠内曾有关平塑像，现也不存。

大殿后是寝殿，殿内有台湾统天宫于1991年捐赠的一尊关羽铜像。

寝殿后边，左为佛堂，是陈、隋时期高僧智颛（智者大师）为关羽亡灵授菩萨戒，尊关羽为玉泉寺伽蓝神的纪念处所。右为启圣祠。

寝殿后便是关羽墓。墓高7米，周长68米，甃石为垣，上加石雕栏杆。墓前有祭亭，亭里有明万历四年（1576）墓碑一通，上书"汉寿亭侯墓"，祭亭石柱上有一副楹联：

抔土涵太虚；
群山拥神宅。

当阳关陵里有一些奇特的自然生态景象：一是关陵里的树虽然长得挺拔苍劲，但是，所有的树都没有树梢，传说是葬在这里的关羽无头，所以，这些树也不长顶梢（头）；二是陵墓周围的古树，都一致向陵墓方向倾斜，形成一种朝拜、护围的姿态，人称"百龙捧圣"；三是关陵墙里墙外的树木，虽是同一品种，仅一墙之隔，长势却迥然不同，长在墙外的光秃，长在墙里的葱绿。这三种自然生态现象，被人们称为"关陵三怪"。除此之外，在陵墓周围，还生长着一种一人多高的结香树，从上到下，每一个枝都分为三个枝，而且，自然地扭曲在一起。当地人说，这是象征着桃园三结义。据说，这种结香树在外地栽不活，即使栽活了，也是只开花不结果，只有在这关陵里，才开花又结果。这些自然生态的奇异现象，需要研究、破译。

当东吴孙权差人将关羽的首级送到洛阳献给曹操时，曹操便将关羽首级安葬在洛阳城南门外，即现今的洛阳市南7公里处的关林，民间呼为关冢，可见，关冢在最初的规模不会很大。至于修庙，据说是在明代万历年间。建庙经过被镌刻在清康熙五年（1666）立的一通碑上：

> 万历中，有皇华如秦，道出于洛，夜宿邮亭，梦帝求构新宅。及觉，询及父老，遂展拜于冢下。时有白气腾起，直凌霄汉，见帝隐耀云间，与梦相符。乃移文抚按司道，请敕褒封"三界伏魔大帝神威远镇天尊关圣帝君"。加冕旒十二，如帝制，遣使致祭于墓，特建庙貌。

这个记载是说庙宇的建筑起因是朝廷使臣（皇华）路过洛阳夜宿驿馆时，梦见"关帝求构新宅"，这才施工建筑。这种传说不可信，但是，倒可以佐证洛阳关庙建筑成型是在明代万历年间。清道光元年（1821）洛阳关庙才被称为关林。

洛阳关林的规模，

河南洛阳关帝古林

《解梁关帝志》卷之一有这样的记载：

> 雒阳（按：雒阳原名洛阳，三国时魏改洛阳为雒阳）关帝冢祠在城东南十五里。季汉书云：汉建安二十五年（220）正月，操还雒阳。权袭害帝，传首至雒。操以王侯礼葬，故无祠。今祠制：中为正殿五间，后为寝殿五间，寝殿之北为帝冢。周甃砖，垣外植松柏。正殿之南为仪门三间。又南为大门三间。左右回廊四十余间。东偏有道院，司香火者居之。又巽隅有坊，题曰：关圣帝冢。

现今的关林规模要比上述记载大一些。它占地百亩，有殿宇廊庑150余间，古碑刻70余通，石坊4座，大小石狮110多个，古柏800余株，在全国现存关庙中是比较大的一个，被誉为全国五大关庙之一。

关林的大门为五开间三门道硬山式建筑，门额上悬有"关林"金字匾额。

进入大门后，便是仪门。再往后走，便是大殿，两者之间有一条石雕栏板护围的通道。通道两侧东边有钟楼，西边有鼓楼。从通道走前去，先有一个长方形月台，月台后边有拜殿，也名启圣殿，是每年举行祭祀的地方。拜殿上方悬有清乾隆皇帝"声灵於铄"题匾。殿前同时还镌有乾隆皇帝书写的一副楹联：

翊汉表神功龙门并峻；

扶纲伸浩气伊水同流。

拜殿后是大殿，内有关羽坐像，头载十二冕旒帝王冠，身着锦缎滚龙袍。关平立于左，周仓站于右，还有文臣武将侍立在旁。

大殿之后，依次为二殿、三殿（寝殿）。在三殿后有石牌坊，三门道，正中题的"汉寿亭侯墓"。石坊后边是一座八角亭，亭里有石碑一通，上书"忠义神武灵佑仁勇威显关圣大帝林"。碑阴镌有清康熙五年（1666）董笃行撰的《关圣帝君行实封号碑记》，记叙了关羽生平事迹和历朝封谥以及建庙的情况。

关羽的墓在八角亭后，呈不规则的八角形，占地250平方米，墓高10米，一周有砖砌围墙环绕，墓上边长有许多树木。墓前有一块清康熙四十六年（1707）修筑的石墓门，额题为"钟灵处"，旁有一副楹联：

神游上苑乘仙鹤；

骨在天中隐睡龙。

洛阳关林里的800多株柏树，都有300多年的树龄，树干粗壮，枝叶繁茂，郁郁葱葱，柏香袭人。"关林翠柏"被誉为洛阳小八景之一。

笔者在考察众多关庙时发现，但凡那里有古树，便会有一些神奇的传说。在洛阳关林，也不例外。洛阳关林众多的柏树中，也有自己奇特的故事。

在关林大殿前，西边有一株龙头柏，东边有一株凤尾柏。龙凤柏是怎样形成的呢?

一种传说是：每年在关林祭奠关羽的时候，天上的龙、地上的凤，都赶来参加。他们分别落在东西两株柏树上，年复一年，就分别长成了龙头凤尾。

另一传说是：关羽的神灵每天晚上都要在殿里秉烛夜读《春秋》。有一次，东海的龙王和南岭的凤凰来到这里，看见关羽夜读烛光很暗，便分别栖息在大殿前的两株柏树上，龙眼如灯，凤尾放光，将大殿映照得通明透亮，使关羽夜读时不再吃力。日久天长，那东海龙王就长在树顶，成了龙头；那南岭凤凰长在树根，成为凤尾，岁岁年年，日日夜夜，陪伴着成了神的关圣君。

美丽的传说，寄托着人们对关羽的敬慕之情。

笔者在洛阳关林实地采访期间得知，在洛阳，关羽首级的葬处还有一地，是在今偃师市佃庄乡关庄村。

偃师市属洛阳市管，在洛阳市东部。关羽在这里的葬处称关冢，位于207国道上跨越洛河的洛阳桥南，路西侧紧靠洛河河堤下边、关庄村外的烧砖窑院里。据《偃师县志》等有关资料记载，关帝冢高约10米，直径20米。明代嘉靖年间，墓前立有一通石碑，上书：汉寿亭侯武安王协天护国大将军关侯之墓。佃庄乡关庄村原名潘窝，因为村里有这座关帝冢，才改名为关庄。关庄村里没有关姓居民。

1979年，关帝冢塌陷，经考古队发掘，冢内有石砌的墓道，墓道有两米宽，墓道前有石门两扇，每扇重约五百公斤。在墓室里没有发现棺木，只有一个人头骨，没有躯体或匹配的躯体。还发现了一些陪葬的陶制猪、羊、酒具等器物。

　　在关帝冢的北边，原先还有一个高大的台子，老百姓叫它石疙瘩。兵荒马乱的年月，是村民躲避乱兵和土匪的处所。有人说这土台子是疑冢，不大可信。因为，如果这里果真是关羽首级葬处，何须用疑冢？而且，谁又会为他修疑冢？

　　当地民间传说：以前村里人办红白喜事，待客需要桌椅和盘碗之类的用具，只要事主事前去关帝冢前烧一炷香，说明情况，求告一番，第二天，所需要的家什就会如数出现在冢前，事主用完后再送回去，对群众很是方便。后来，有一家人很贪财，用完以后，却没有送还，据为己有。从此之后，谁也从关帝冢借不出来家什了。真是一个贪心人，祸害了全村人。

　　洛阳关林和偃师市关庄村关帝冢，哪一个是真冢，哪一个是假冢？笔者曾就这一个问题求教过洛阳市一位文物工作者，他认为：偃师县关庄村关帝冢可能是真的。

　　从洛阳古城发展演变的历史来看，它曾先后修建过东周王城，隋、唐洛阳城，明、清洛阳城。这三个时期的洛阳城都位于现今的洛阳市区，而关林正好位于它的南部。另外，还有汉、魏时期修建的洛阳城，其遗址在洛阳市的白马市东、孟津县的金村一带。偃师市关庄村关帝冢正好在魏、晋洛阳城遗址的南边，与传说中曹操葬关羽首级于洛阳城南2.5公里是相符的。

偃师市关庄村关帝冢是关羽首级的真正葬处，可能性极大。但是，也有令人不解之处。一是，发掘出仅有一个头骨，既无棺木又无匹配的躯体，与传说中曹操为他配制了沉香木躯体，并予厚葬的情况不符，这也可能是曹操并没有厚葬关羽，也没有为他配制躯体。所谓厚葬与配躯之说，是曹操散布的假象，或者说是民间流传的一种想象。二是，既然偃师关庄关帝冢是真墓，为什么会长期受到冷落？而关林却特别得到重视和扩展，成为世人心目中关羽首级葬处？一方面可能是与汉、魏、晋时期洛阳故城败落有关，另一方面也可能与人为地在关林宣扬有关，造成喧宾夺主之势。

洛阳市近郊有两个关帝冢——关羽首级葬处，这是客观存在的。谁真谁伪，是未解之谜。也许有朝一日能够得到破译，解开其中的奥秘。

笔者还注意到，有人写文章称，在关羽的故里解州（今山西省运城市西南三十五里解州）也有关帝冢，并说："身葬当阳，头在洛阳，魂归故乡"。说关羽在故里解州有葬处是不确实的。关羽自从在汉灵帝光和二年（179）杀人出逃后，就再也没有回过故乡。他在当阳身亡之后，也没有迁葬故里之说，甚至，在他的故里连衣冠冢也没有建过。所以，笔者认为，称关羽在故里也有墓地，是讹传，没有任何根据。

著述和书画

关羽有没有著述、书画传世？传世名为关羽的著作，其真伪如何？这是需要探究的一个方面。

○
○
著述辨识

关羽是武将，一生征战沙场，不遗余力。但是，据说他喜读《春秋》，对《春秋》经义很有研究，颇有心得，并身体力行。后世之人对此颇多赞颂之词。解州关帝庙最后方建有一座精美的春秋楼，楼上塑有关羽读《春秋》像，

解州关帝庙春秋楼

至今尚保存完好。在其他众多的关庙中，也大都塑有类似的关羽读《春秋》像，或建有春秋楼（阁），以颂赞关羽的熟读《春秋》。

由于关羽是武将，一生征战不已，所以，他在文墨方面不可能有很多传世之作，这从正史里没有记载就可说明。但是，后人却辑录了他的一些文墨编为集子，刊行于世。笔者见到的集目有以下数种：

《义勇武安王关公集》：明正德年间礼部侍郎吕柟编。清朝初年又由礼部侍郎钱谦益重新修订。

《重刻汉寿亭侯集》：明代浙江人方莹重刻。

《关帝集》：明代绛州人辛全编。

《武安王集附录》：明代湖南昭阳人李叶编。

这几个集子，现在已难找到原版本，其中收录内容无从知晓。笔者臆断，这些集子极可能是纪念性文集，收录关羽生平事迹、世人评说和赞颂关羽的诗文，也收录一些世间流传的关羽的著述，但不会是关羽本人的著述专集。

笔者在现今传世的一些集子中，看到了一

山西省运城市解州关帝庙关公夜读《春秋》像

些关羽的著述。

清人卢湛编撰的《关圣帝君圣迹图志全集》卷之二中收录有关羽的书信七封。即：

三与桓侯书

操之诡计百端，非羽智缚，安有今日？将军罪羽，是不知羽也。羽不缘社稷倾危，仁兄无俦，则以三尺剑报将军，使羽异日无愧于黄壤间也。三上翼德将军，死罪，死罪。

这封信可能是关羽从许都出来，与张飞重逢时，张飞对他心怀猜疑，关羽三次写信给他表明心迹。卢湛对这封信有以下解释：

按：此帖米南宫书，吴中翰林收得之。焦太史竑请摹刻正阳门关庙中。翰秘惜真迹，乃令邓刺史文明以意临之，刻诸石。今观此书正大简严，当非伪作。而南宫手笔亦必确有所证无疑也，特采入之。

米南宫即米芾，是北宋著名书画家。据说，他曾将这封信写成字帖，被后人所得。明代学者焦竑令人摹刻于石，立于京都正阳门关庙中。卢湛因此认为不会是伪作。按关羽与张飞重逢时的情况，因生猜疑，关羽连写三封信给张飞予以表明心意，也是可能的。此信为其中之一。

与张辽书

鲁仲连东海之匹夫耳，为齐下士，然且耻不帝秦职，为通侯，列汉元宰，独可使负汉耶？子且休矣。

这封信是关羽在下邳被围困，张辽奉曹操之命前去劝降，关羽写信给张辽表示不投降曹操，这封信的真伪是难辨识的。

官渡与操书

刘豫州有言，尉佗秦之小吏耳，犹独立不诡。羽哑哑飞鸣，翔而后集，宁甘志终小人下也？使明公威德布于天下，斡旋汉鼎，穷海内外，将拜下风慕高义矣，独羽兄弟哉！瞻悚，羽再具。

这封信是关羽在曹操与袁绍进行官渡之战期间写给曹操的，希望曹操鼎扶汉室，布德义于天下。当他刀劈袁绍大将颜良、解白马之围、被曹操表封为汉寿亭侯时，关羽又有一封信给曹操：

入许拜汉寿亭侯复操书

明公布大义于天下，而速取自树，非羽之所敢知。若犹是汉也，羽敢不臣汉哉！敢拜嘉命之辱。

这封信与前一封信一样，都强调了尊奉汉王朝的正统思想。

当关羽知道了刘备在袁绍处的消息以后，便有了辞别曹操投奔刘备的意思，他又先后写了两封信给曹操：

归先主谢操书

羽闻主忧则臣辱，故主之音问耳。今故主已在河北，此心飞越，神已先驰。惟明公幸少矜之。千里追寻，当不计利害，谋生死也。子女玉帛之贶，勒之寸丹。他日幸以旗鼓相当，退君三舍，意亦如重耳之报秦穆（原文如此。按：秦穆当为楚成）者乎。羽谢。

又致操书

窃以日在天之上，心在人之内。日在天之上，普照万方；心在人之内，以表丹诚。丹诚者，信义也。羽昔受降之日，有言曰：主亡则死（或为辅），主存则归。新受曹公之宠顾，久蒙刘主之恩光。丞相新恩，刘公旧义，恩有所报，义无所断。今主之耗，羽已知。望形立相，觅迹求功，刺颜良于白马，诛文丑于南陂，丞相之恩，满有所报。每留所赐之物，尽在府库封缄。伏望台慈俯垂鉴照。

对这两封信，前边已做过辨析，就不再赘言了。

关羽还有一封写给东吴陆逊的信：

与陆逊书

　　将军作镇西藩，为吴右臂，下车未远，遽怀老夫，中心藏之，共奖王室，幸甚，幸甚。目前小捷，曷敢贪天之功。第荆州与陆口接壤，为衅已非一日。寡君报公子之命，丞相有破曹之勋，旧属宗盟，非吴土地。乃阿蒙（吕蒙）不揆大义，狡然西窥，老夫不戒戎车，而捍御无术。将军慨然以操猾为忧，岂睹其篡逆不共戴天，尚以蜀为汉室宗胄，或能用命抑事，在泾而指，在洛亦为将军为之。老夫之言，诚如皎日，勿昵小功，终成大德。

　　这封信是关羽对东吴陆逊接替吕蒙的职务到陆口后给他写的一封信的回复。关羽由于没有洞察吕蒙和陆逊的阴谋，所以，复信的言辞是诚恳的，坦荡无疑的。仍希望孙、刘结好，共同对付曹操。

　　以上这七封信，客观地分析，在特定的时间、特定的事件下，都有可能由关羽书写给对方，以表达自己的态度。如离开许都时致书给曹操以表明心迹，接陆逊信给予回复等，都是合乎常理的，也符合关羽本人的性格。但是，也不可排除后人传刻中的增删之词，甚或伪托。

　　在《关圣帝君圣迹图志全集》卷之二中，还载有《忠义经十八章》。对这篇作品，明代嘉靖年间曾任兵部、吏部尚书、太子太师、河东蒲州人杨博曾写有一篇序言，对它做了说明。序说：

> 关圣《忠义经十八章》，皆帝自制也。晋陈寿演俗通义，似近鄙亵。兹宋学士孙奭编述，南渡中丞张守订梓，相传五百余年，世人亦不知有是经也。维帝忠义昭宇宙，功烈垂史册，祠祀遍天下，黄发稚齿，极海穷边，靡不崇重。而帝之随在著灵，威英显赫，千载一日。博幸生同帝乡，藉荫蔽久。嘉靖丙辰（1556）巡抚荆楚。荆，故帝保障。迄今家至户联，顶礼如在。比还省，辞楚王殿下，王询帝故里事，复出《忠义经》示，博拜赐踊跃，若帝陟降也。归舟检阅后，先亲叙简编遗逸字画，错乱差讹，遂为校订重录，汇成一帙，携之京师。继役关中，未遑锓梓，适都督刘显移兵守川广，因以贻之，俾刻荒镇以作士气，以风忠义，且播之天下，使瞻奉者有所持诵则傚云。（《关圣帝君圣迹图志全集》卷之二）

杨博得到《忠义经十八章》是在他于明代嘉靖年间结束巡抚荆楚时，由楚王朱显榕交给他的。据说，此文经北宋学者、龙图阁学士孙奭编述，到明代嘉靖年间已经流传五百余年。杨博得书后，校订重录，经都督刘显重刻传世。《关圣帝君圣迹图志全集》刊印的关羽《忠义经十八章》可能就是依据的这个版本。至于说《忠义经十八章》是否是关羽"自制"的，对古人的著述，后人提出怀疑的很多。

别的不说，就以与关羽同一时期而后逝的诸葛亮写的《后出师表》，也曾有人认为不是出自诸葛亮之手，而是后人伪托之作。对关羽这篇"世人亦不知有是经"，而且，叙事中有一些不符合历史事实的词句，因此，怀疑它的真实性，也是可以理解的。

笔者认为，这篇《忠义经十八章》并非关羽本人"自制"，而是后人"代制"的。理由是：在《忠义经十八章》的《述志章第一》中，关羽叙述了自己生平经历的一些大事。从桃园结义到水淹七军，威震华夏，许都惶惧，他都提到了。由此推论，如果《忠义经十八章》是他自己撰写的，那么撰写的时间当是在水淹七军后、败走麦城前的这段时间里。而在这段时间里，敌兵围困，紧追不舍，他哪里有心思、有工夫坐下来写这样的文章？而且，文中有"诛颜及文，急于报曹""斩将五关，寻戮蔡阳""追曹南郡，释之华容"等句，不符合历史事实。如果说《忠义经十八章》是他成神后"自制"，那就更为荒唐了。所以说，《忠义经十八章》是后人为关羽"代制"的。"代制"的目的在于宣扬关羽以忠义为核心的思想。笔者既然认为《忠义经十八章》不是关羽"自制"之作，又都把它引证于此，是希望读者对此文进行辨识，做出自己的判断；同时，也可进一步认识关羽的思想体系，或者说认识世人所宣扬的关羽的思想体系。且按它是关羽"自制"述录于下：

《忠义经十八章》每章长短不一，每句四字，文字简练，内容广泛，可以说是关羽对人生的一份理性宣言书。

十八章的具体章节和主要内容是：

《述志章》第一。关羽说：

　　吾大汉民，世居解梁。值黄巾乱，天下用兵；行至涿郡，偶遇刘张；义聚桃园，约为兄弟，生死靡二。吾学春秋，兼习武事。始除黄巾，虎牢战布；许田射鹿，义无反顾。有志不遂，良用叹息。下邳之困，兄弟离散；君犹是汉，罔敢不臣！曹操奸雄，奏封汉寿。吾奉二嫂，心在故主，感其知遇。许以立效，谓答秦缪，亦如重耳。诛颜及文，急于报曹，以图遄归，他非所恤。封金悬印，秉烛达旦，敬慎威仪。匹马千里，斩将五关，寻戮蔡阳，会于古城。复遘子龙，周仓亦至。昔在隆中，随访卧龙。孔明称吾，逸群绝伦。赤壁之役，追曹南郡，释之华容，实践前言。既督荆州，劝农崇学。赴鲁肃会，谈笑自若。水淹七军，生获庞德，名闻华夏，许昌慑魄。拜前将军，得假节钺。西川定鼎，炎德复兴。孙权窃据，实为汉贼。骂使绝婚，志必灭之。时数不逢，平生无补。吾无所长，唯存忠义，扶汉除奸，不知畏避。年几六旬，有命在天。视我丹心，听我微言。日在天上，心在人中。为子尽孝，为臣尽忠。父严母慈，兄友弟恭；夫妇唱随，朋友有信，乡邻以睦，宽恤婢仆。吾言浅近，大益身心。为士为宦，为将为卒，持诵吾言，功名有成。为农为商，为工为贾，持诵吾言，资业日隆。民有贵贱，嗜欲不异。居家行路，贸易婚姻；患病犯刑，构颂斗争；山海魑魅，盗贼水火；至诚持诵，诸事咸宁。尽性立命，惟此至诚。明善以存，葆光益算。世人险诈，丧心败德；燋灼自贼，尸行肉走。赫赫皇天，昭临在上。善有余庆，不善余殃。戏侮吾言，神明戮汝。

在这一章里，关羽历数生平之后，极力倡言"忠义"。所谓忠，就是要尽道事奉君王，一心不二；所谓义，就是要舍身为国，义无反顾。在关羽的思想里，刘姓封建皇帝，封建统治的汉王朝，居于至高无上的地位。作为刘汉王室的臣民，只能忠心赤胆，以"忠义"的思想和行为去维护它。关羽就以自己"唯存忠义""心有丹诚"而自豪。而这一点，正是后世之人所推崇的。关羽还把"忠义"的原则推而广之，作为一般的思想行为准则，告诫世人，作为父子、兄弟、夫妇、朋友、乡邻，以及将、吏、士、农、工、商，都应当以"忠义"为训，身体力行，方能"功名有成""资世日隆"。

关羽的"忠义"观，没有也不可能超越历史的、阶级的局限。他所依据的是春秋大义、儒家思想。在中国漫长的封建统治朝代中，这正是统治阶级所需要，也是社会一般人所能接受的思想道德灌输、熏陶的重要内容。不忠不义则为人所不齿，是社会的丑类。忠义才是高尚的情操，忠义之士是社会的俊杰。

《洪蒙章》第二。关羽说：

洪蒙元始，天地未分，大化布气，是生万物。阴阳氤氲，最贵为人。阳余为男，阴余为女，化化生生，乃有伦理。宿命因缘；有善有恶。所作之报，如影逐形。种兰得香，种粟得粮。因人善恶，祸福不爽。天地之中，五行正气，大道在人，不可轻弃，保之甚难，失之甚易。若迷不悟，心入邪僻，贪嗔淫杀，永堕地狱。皆由群生，自作自受。谛听吾言，免沦凶处。孝顺父母，和睦六亲，尽忠秉节，不犯天刑。五体具足，十相端成。

在这一章里，关羽以天生万物、以人为贵为起点，推论到人的伦理道德诸方面。他强调人为万物之贵，而伦理道德对人来说则是最紧要的。人之行事，犹如"种兰得香""种粟得粮"，善有善报，恶有恶报。因此，"贪嗔淫杀"者，就会"永堕地狱"，而"孝顺父母，和睦六亲，尽忠秉节"者，则"不犯天刑"。他要求人们不要轻弃"大道"，要遵循伦理道德观念，择善而从，去祸得福。

《气数章》第三。关羽说：

人秉气数，乃有斯身。风土不同，禀受自异，清浊既殊，智愚攸分。数系于命，气禀于天。须学至道，以全其元。愚可以智，浊可以清。谛听吾言，勿虚汝生。

在这一章里，关羽虽然从宿命论的观点认为"数系于命，气禀于天"，人之清浊、智愚都是气数所定的。但是，他却又强调，这种情况又是可以改变的，改变的方法就是要学。学什么？"须学至道"。关羽所指的"道"是什么？就是儒家的伦理道德思想体系。只要主观努力，潜心学问，修身立命，尽伦尽性，便"愚可心智，浊可以清"。气数——命运的变化，不完全在天，亦在乎人，在乎人自身后天的主观努力。只有那些安分守命，自甘暴弃，不学习不求长进之人，才会愚不能智，浊不能清，陷于气数的旋涡而不能自拔。从这种意义上说，关羽的认为有积极的意义，又是对宿命论的一种撞击。

《世道章》第四。关羽说：

> 吾嗟世人，不忠不孝，不敬师长，不睦兄弟，夫妇不谐，朋友不义，不尊天地，不惧神明，不避三光，不重五谷，损人利己，杀生害命，奸淫诈逆，积微成著。诸如此类，神人共弃。先夺其魂，后殃其躯。举世昏迷，自谓得计。一旦无常，悲悔何及。谛听吾言，中有真义。

在这一章里，关羽痛感人心不古、世道无常，备述了社会上的许多不良现象。他认为，世人处事中，不忠不孝、不敬不睦、不谐不义、不尊不惧、不避不重、损人利己、杀生害命、奸淫诈逆……诸如此类者，终归是要"神人共弃"，毁其魂魄，祸其躯肉，即作恶者，必有所报。那些原本作奸犯科、自以为得计的人，一旦东窗事发，受到惩处，才悲悔莫及。他言外之意是十分明白的，就是希望世人抑制悖心，慎修伦常，无论是对待君王、亲老、师长，还是兄弟、朋友、夫妇……都能各尽其道，自身就能获福。社会上人人都能如此，世道就会改变。

《居处章》第五。关羽说：

> 人之居处，平安为福。勿夺他人，勿施诈谋。蛇虫嫁孽，鸟鼠送妖。抛砖打石，惊鸡弄犬，影胁梦逼，踰墙穴隙，鬼神昭鉴，庭户不宁。夜啸其梁，昼啖其室。小大惶惑，祸连骨肉。厮役牛马，亦遭疾厉。谛听吾言，转凶为吉。

在这一章里，关羽观察了社会现象之后，向人们发出了诚恳的告诫：居处栖身，平安是福。不要生出贪心，对他人所有巧取豪夺，阴谋算计。世上那些损人利己之人，往往不择手段，或以权势夺取，或以奸谋窃掠，扩展基业，营造豪华，意欲为自己和子孙造福，殊不知，一旦阴谋败露，就会结怨群众，激怒鬼神，家户不宁，祸殃骨肉，甚至仆役牛马也会连带遭殃。他劝诫这些人，"勿夺他人，勿施诈谋"。

《配育章》第六。关羽说：

世人配育，宜重合婚。三刑六害，隔角交侵。咸池天狗，寡宿孤神；艰于嗣息，遂至绝伦。不知生时，太乙在门。圣母卫房，司命在庭。或有冤衍，鬼魅禁忌。至于难产，母子俱废。谛听吾言，善念天理，光明正大，螽斯（zhōng，螽斯，子孙众多）可赋；子孙振振，有庆无虞。

在这一章里，关羽谈到人的婚配、生育问题。在中国的传统道德观念中，十分重视人伦，而在人伦中，尤重父子、夫妇关系。夫妇和谐，家室永宜，子孙繁衍，嗣续绵远，是人们的共同心愿。但是，并不是所有的人都能达到这一目的。究其原因，就是因为一些人违背了天理，事君不忠，事亲不孝，居不仁，行不义，于是就要受到冥冥之中的惩罚。因此，他告诫人们在婚配问题上，应当遵循正当的婚姻，不要苟且。要"善念天理"，积善修德，因为善可消灾，德可致福；还要"光明正大"，心地光明，立身正大，天理就会常存，就能"螽斯可赋，子孙振振，有庆无虞"。关羽的这一番说教，是要人们行善事、戒恶事，认为善恶有报，带有浓厚的因果报应迷信色彩。

《修建章》第七。关羽说：

世人修建，不识阴阳。九垒七煞，犯之必伤。太岁将军，鹤神太白，金神剑锋，九良七煞，黄旛豹尾，飞廉刀砧，主家眷属，一切鬼神，若值兴工，有一不戒，病疫丧亡。官府横害。谛听吾言，修德作善，百神可护，永世昌大。

在这一章里，关羽认为，阴阳是有禁忌的。因此，在修建时，应该有择选，避犯就宜。世上有的人，由于不识阴阳，在动工修建时，冒犯了九垒七煞等星象，因此，就会遭到祸殃。但是，上天佑护修德作善之人，只要修德作善，得到百神的庇佑，就可"永世昌大"。关羽在这里把阴阳、风水那一套搬来，劝诫世人，和前一章一样，迷信色彩也是很浓的。

《雨旸章》第八。雨旸是讲天气变化的，雨以润物，旸（太阳出来）以干物。关羽对此写道：

天有雨旸（yáng，日出），时有丰荒。雨泽愆期，亢旱为殃。祝融煽祸，赤鼠游城。海若失经，鱼鳖不宁。天灾流行，世所常有。谛听吾言，修德以俟。

在这一章里，关羽指出：天气变化无常，有阴雨之时，也有日出之时。天雨适时，万物滋润，就会导致丰收；如果久旱无雨，旱魃为虐，就会遭到荒岁。雨水过多，也会成灾。阴雨和亢旱的灾害是世所常见的，只有修德可以应对，国家可以避免灾害侵扰，个人也可以不受饥馑的罪殃。

《游行章》第九。游行章是讲兵法的。关羽说：

军戎游行，国之大事。出师对垒，须识风云。矢心忠义，鬼神呵卫，盗贼骋奸，风波系累；深山邃谷，虎狼出入；大海长江，蛟龙窟宅；幽枉有魂，劫数有会。谛听吾言，正直无悔。

在这一章里，关羽认为兵法是国家的大事，对此，他不讲具体的军事方术，而仅只是在宏观上强调两点：一是与敌军作战对垒中"须识风云"。所谓识风云，就是要有谋略，能够识辨迅速变化的战争局势，而采取适当的对策；二是"矢心忠义"。所谓"矢心忠义"，就是以忠义为精神支柱，忠心为国，心存社稷，矢志不渝。以忠促其智，以义奋其勇；智勇兼备，各种困难都不足虑，必能克敌制胜。

《符讼章》第十。关羽说：

人有符讼，亦命所值。天地年月，日主时刻。赤口白舌，皆有神司。出入举动，须知避忌。朝有击聒，夜有煎揫（chōu，偏狭）。面是背非，崔鼠生忧。怨詈（lì，责骂）诅咒，狱讼繁兴，谤讟（dú，怨言）诋诟，刑宪具存。谛听吾言，自反其心，作好作恶，皆己不仁。

在这一章里，关羽表达了无讼之意。世人之间的尔虞我诈，争讼不息，朝聒夜煎，面是背非，诅咒诽谤，公堂对簿，其原因在于俗众之间的遇事不能谦让。不谦让又是由于心之不仁，心不仁就不能以礼相待，宽厚对人，相亲相爱。所以，关羽强调以"仁"来遏制符讼之争。这个"仁"的蕴意是相当宽泛的。

《疾病章》第十一。关羽说：

> 人有疾病，积久弗瘳（chōu，病愈）；沉卧枕席，其故何由？一心不明，五神无主。三生有劫，四大不举。平日触犯，古圣先贤；庙社灵坛，井灶第宅；起居不净，供养不诚；冥魂冤枉，牵缠诅盟；前生结衅，怨毒交攻。谛听吾言，诚心忏悔；善气来迎，立超苦趣。

在这一章里，关羽认为：人之所以患染疾病，是由于心不安、神不清所致。造成这种心神不安、不清的原因有"天"的因素，也有"人"的因素。阴阳失正，五行失宜，感染成疾病，这是"天"所造成的，经过医药治疗，是可以痊愈的。但是，如果获罪于天地鬼神，或者前世结怨，今世又供养不敬，从而导致疾病缠身，这是"人"自引发，虽医药、祷祀也不会有效用。在此，关羽又陷入因果、迷信的旋涡，做出了对疾病的唯心的认识。对减少疾病方面，关羽依然强调谨身修行、行善积德，达到减病消灾的目的。

《命运章》第十二。关羽说：

人之命运，万有不齐。富贵贫贱，各安其分。五行奇蹇，九曜更变，年逢刑冲，运或克战，孤辰寡宿，羊及剑锋，禄逢于败，马落于空。动用凶危，行藏坎壈（lǎn，不得志），何以禳御？自省其身。谛听吾言，顺守不忒。

在这一章里，关羽谈到了命运。与第三章"气数"命题相同，而议论的侧重点却又不同。在"气数"第三章里，他强调人后天的努力可以改变先天的气数，人有变化的主观能动功能。而在此，他却又认为人的命运本不一样，不齐不整，有差有别，这是天意。他强调："富贵贫贱，各安其分。"要求人们顺守天命，自省其身，不要与命运进行抗争。

《摄生章》第十三。关羽说：

人之摄生，须明道要。能屏众欲，永除诸害。外想不入，内想不出；五脏清凉，六腑调泰。引炁（qì，同"气"）大和，注润丹元。仍节饮食，法药保延。谛听吾言，以永无愆。

在这一章里，关羽就养生之道发表了意见。由于人生理的本能与社会环境的影响，人会萌生出各种情欲，即通常所说的七情六欲。人一旦沉溺于贪求声色、货利……种种情欲之中，就要耗费精神，消磨体力，甚至影响、危及生命，这种人是不懂得养生之道的。养生之道最要紧的是摒弃自己的各种非分欲念，即存理遏欲，不为外部的诱惑所感染，不让内心的欲念萌动爆发。非分的欲念平息了，阴阳之气调和，五脏六腑安顺，淡泊宁静，心地泰然，再在饮食上节制，药物上调理，就可以永远消除病害，延年益寿，得到长生。

《瘟瘵章》第十四。关羽说：

> 天地瘟疫，二十有五。天地蛊毒，二十有四。瘵瘵（zhài，病）之疾，三十有六。遭此大患，厥有其故。其故伊何？伏尸故气，感召传染，冢讼墓注。谛听吾言，清心告天。上通三界，下彻九泉，追荐魂灵，超度祖先，药饵期效，治在心田。

在这一章里，关羽又谈到了疾病。与疾病章节第十一所不同的是，他特别指出瘟疫，蛊毒、瘵瘵在疾病中是对人危害最大的恶疾。患这些病的人是有原因的，或由于传染得病，或由于神鬼作祟。对此，只有追荐亡灵，超度祖先，祭祷消灾，药饵治疗。在这里，关羽又对这些恶疾的产生与治疗之法，做出了迷信鬼神、禳灾免祸的错误解释。

《太朴章》第十五。关羽说：

> 太朴既散，仁义乃兴。礼乐爰作，奸邪斯行。六义既失，四民有争。上不宽恕，下不忠贞，全家疾病，

死亡横生。消耗财物，累罹官刑。性命枉逝，灾害相仍。秽杂交染，骨肉伶仃。如此世人，焉致和平。谛听吾言，敦叙五伦。从谦从厚，必信必诚。守法守分，勿贪勿竟，灾消祸灭，百福骈臻。

在这一章里，关羽意欲劝诫世人返璞归真。由于人心不古，礼乐崩，仁义失，淳朴的风俗散佚不存，孝友、睦姻、任恤六义（六行）不能遵循；在上的对下不能宽恕仁爱；在下的也对上不能忠贞输诚，以致奸邪横行，灾祸频繁，疾病侵袭，死亡威胁，争讼不已……凡此种种，世人怎能友好和平相处？对这种社会积习的扭转，关羽认为在顺从谦厚、信诚方面做文章，导引世人循分遵法，不贪不竟，同归礼让，则能和气致祥，世道也就会日隆，从而达到返璞归真的目的。

《欲界章》第十六。关羽说：

吾观欲界，群生无情。作多恶业，全无悔心。纲维圮裂，大数自倾。兵火四起，玉石俱焚。凶荒洪水，苛政烦刑。生意灭绝，人道将穷。极诸苦恼，何由离脱？谛听吾言，毋自放逸。忠孝仁义，服膺弗失。一切善恶，皆由心造。为善福生，为恶祸报。

在这一章里，关羽继续依照上一章的意旨，针砭了"群生无情，作多恶业……人道将穷"的社会现象，认为造成这种社会现象的原因是欲念炽烈，失去本性，三纲四维，不能承守，为医不忠，为子不孝，抛弃仁义，肆意而为。而矫治这种贪欲的方法，在于医"心"，就是要人们速生悔悟之心，存理遏欲，牢记"为善福生，为恶祸报"的戒语，不要继续沉溺于贪欲的无底深渊之中不能自我解脱。

《人生章》第十七。关羽说：

> 人之始生，受命于天。东斗主算，西斗记名；北斗落死，南斗上生；中斗大魁，总鉴众灵。青帝护魂，白帝持魄；赤帝养气，黑帝通血，黄帝中主，万神无越。亿劫混沌，幽冥形影，玉帝摄气，灵风聚烟。千和万合，自然成真。真中有神，长生大君。谛听吾言，珍爱汝生。

在这一章里，关羽认为人生受命于天赋，冥冥之中，有众神灵护持，天地颐育，因此，人应该珍爱生命。如果自己不珍爱生命，败坏五常，毁灭道德极情纵欲，就会得到罪罚。即使上天爱你，亦不能护佑你于永远。

《业报章》第十八。关羽说：

> 世之业报，因何而成？刻薄一心，杂乱五情；更生疑惑，所为昏昧。倚恃邪行，背真就伪。不义不仁，不忠不孝。违逆天地，欺君伐国，奸佞肆侵，残虐百姓。杀戮群生，戕贼物命，造诸罪恶。冤对无边。动

见患难，灾祸横集。人之行事，鬼神鉴临。因汝罪衅，加汝阴刑。愚蠢不知，犹是妄行。谛听吾言，安分养生。无贪无诈，无盗无淫，存心修己，夙夜以宁。念念弗失，福汝终身。

在这一章里，关羽认为，人自身的所作所为，或作善行，或为恶行，都必然要得到报应。心存忠厚，笃行正直，忠孝仁义，爱民惜物，可以上不愧天，下不怍民，就可以获得祥福好报。而"刻薄一心，杂乱五情""不义不仁，不忠不孝""残虐百姓，杀戮群生"……种种恶行，就会得到恶报，"灾祸横集""加汝阴刑"。因此，他谆谆告诫世人"安分养生，无贪无诈，无淫无盗，存心修己"，以求得到好的报应。

从关羽的《忠义经十八章》可以看出，这无疑是他的"劝世篇"。他以"忠义"为核心，通过对人生的各种问题发表自己的见解。既有从传统伦理道德观念方面的阐述，又有从因果报应、封建迷信方面的挥发，极力劝诫世人以忠义孝悌修身立命，为善去恶、返璞归真。对此，我们应该历史地、辩证地认识，扬其精华，去其糟粕。

《关圣帝君圣迹图志全集》还载有《圣签诗》共一百零一首，每签由七言诗四句组成。据卢湛说，此《圣签诗》也是关羽"自制"，并于清顺治八年（1651）传授给浙江宁波府延庆寺僧人善知识。这个僧人修行有方，悟彻因果，能够与关羽的神灵会面、交谈。关羽将《圣签诗》面授给他，让他传行于世。这个传说当然是很荒唐的。明显是僧人作假，伪托关羽，欺骗世人。一些做学问的人竟也信以为真，抄刻流传，毒害于人。大概也是对关羽的神灵执信不疑。

此外，据1961年香港刊行的《关圣帝君圣迹图志全集》增集中，还收集了关羽的几篇经文，题目为：

（一）《关圣帝君觉世真文》

（二）《关圣帝君降笔救劫永命经》

（三）《关圣帝君降笔真经》

（四）《关圣帝君应验桃园明圣经》（上、中、下三卷）

在《明圣经》中，有这样的偈（jì，佛经中的唱词）语：

我本天枢第六星，临凡欲使万方宁。

形容虽去神犹在，留得精英震百灵。

这四篇经文的思想内容与文字语气，宗教气息十分浓重。总体来说，是劝世人多做善行、少做恶事，强调善有善报、恶有恶报。这种经文，显然不是关羽其人能够做出来的，称它们是"关圣帝君圣灵降笔"，那就尤为荒唐可笑了。如果说这些经文出自宗教界的一些好事弟子之手，倒是完全可信的。而录于《明圣经》中的这个偈语，说自己是"天枢第六星"下凡，目的在于使万方安宁，"形容虽去神犹在"等等，纯属"神话"。

类似这样的经文，在许多地方都有刻印传世。在国外也有传刻。笔者手中就搜集到厚厚的铅印本数册，字数相当多。编印者称作是"关帝御制文"。这种现象，与关羽被"神化"有直接关系。

○
○

书法遗存

民间有一种说法，关羽能书，张飞善画。意思是说，关羽的字写得好，张飞会绘画，各有所长。

世间流传有关羽书写的十二个篆字：读好书、说好话、行好事、做好人。这十二字书法是怎样来的呢？

据湖北当阳市民间传说：关羽在镇守荆州时，曾谆谆告诫儿子关平："凡将者，只好武，不识文，愚者也！"所以，关羽每日除教关平习武之外，还教他读《春秋》，练习书法。彼时在当阳市西南方25公里处，有个黑土坡村。村里有个土坡，长约1公里，由于土质肥沃，呈黑褐色，因而得名黑土坡。民间传说关

《关圣帝君圣迹图志全集》存录关羽篆书：读好书、说好话、行好事、作好人

平曾在这里练字学书法，因他每日练字洗笔，顺手将洗笔之水从坡上往下泼，日久天长，山坡被染成了黑色。关平按关羽教导练武习文，进步很快。关羽见了，十分高兴，挥毫给关平写了这十二个篆字。而今当阳关陵里仍有一通镌刻此十二字的石碑。

此字本是关羽教子家训，也是教诫世人的名言。所以，民间广泛地流传开来。笔者曾在众多的关帝庙中看到这十二字的碑刻，在关羽的一些志书中也有版刻传世。看那些书法字体，差异很大，有篆书、行书、草书等。是否为关羽手迹，或者说哪一种是关羽的手迹真迹，怕是很难辨识清楚了。

编撰《关圣帝君圣迹图志全集》的清人卢湛对这十二个字有以下解释：

> 世传帝篆书十二字，宋朱文公（按：即南宋著名哲学家、教育家朱熹）尝为之赞。然其书体凌杂不伦，或相传既久，竟失其真，及后人附会为之，皆不可知也。夫帝以精忠大义倾慕古今，凡片言只字，自宜奉诸拱璧，以昭后世。迨考正书法，颇复汉体。博雅君子辨之者，不病其妄也。（《关圣帝君圣迹图志全集》卷之二）

传说，当初关羽书写的十二个字是篆书。关羽的十二字篆书，笔者看到的有两种。

一种是卢湛编撰的《关圣帝君圣迹图志全集》里镂刻的。这篆书是怎么流传下来的？卢湛得自何处？他都没有说明，只称其"凌杂不伦"，以为是"相传既久，竟失其真"，或者是"后人以附会为之"，是真是伪，"皆不可知也"。卢湛本人也拿它不准。

另一种是藏于山西省运城市博物馆的十二字篆书，分别镌刻在四块石碑上。由于没有注明刻石年月，所以，具体年代不可考。极可能是明清时期的遗物，或者更早一些。石碑上的十二个篆字与《关圣帝君圣迹图志全集》中的篆书不同。《关圣帝君圣迹图志全集》中的十二个字，只有一种写法，而石碑上仅"好"字就有四种不同的写法。两者比较，石碑上的字均为阴刻，而且要比《关圣帝君圣迹图志全集》上的字生动、自然、古朴一些。在石刻十二字的碑上，还镌刻有南宋著名学者朱熹的赞词，对关羽的四句话做了赞述。赞词为：

百圣在目，千古在心；妙者躬践，敫（jiǎo，歌也）者口吟。

——读好书

莠言虚妄，兰言实杯；九兰一莠，驷追不回。

——说好话

圣狂路口，义利关头；择言若游，急行若邮。

——行好事

孔称成仁，孟戒非仁；小人穷冬，巨人盛春。

——做好人

《关圣帝君圣迹图志全集》里也辑录朱熹的这些赞词，题名为《篆迹赞》。明代绛州学者辛全也写有《关帝篆赞》，其赞词为：

志在春秋，岂但上口；游夏之徒，蹚乎其后。

——读好书

侃侃谢曹，谆谆为汉；一话一言，日天共贯。

——说好话

君臣友昆，一事不苟；取义成仁，古今谁偶。

——行好事

生为烈臣，殁为明神；圣贤天地，诚哉绝伦。

——做好人

朱熹和辛全，从不同的角度，将关羽的十二个字做出了自己的理解和赞颂。

从朱熹写《篆迹赞》来看，关羽的篆书十二字，在宋代或宋代以前，就有流传，朱熹是接触过的，而且，他深信不疑，很为欣赏。退一步说，他起码对这十二字出自关羽之手深信不疑，否则，他就不会写出这样的赞词。到了明代，辛全看到宋代学问大家朱熹都首肯关羽的篆迹，他也就要附和赞颂了。

那么，究竟如何认识关羽的十二字篆书？笔者思考再三，认为：这四句话十二个字，有可能是关羽讲过的。他的主旨精神与《忠义经十八章》所宣扬的思想是一脉相承的。至于书法，则极有可能如清人卢湛所说是"后人以附会为之"，不是关羽的手笔传世。笔者对此也只能存疑，以求教于方家。

　　除这十二字篆书之外，《关圣帝君圣迹图志全集》卷之二还刊印有"愿天常生好人，愿人常行好事"十二个篆字。卢湛解释说：

　　　　世亦传为帝语。此虽无所考据，然即云傅会，亦可谓言圣志哉！

　　卢湛更是拿它不准，也只认为符合"关圣帝君"的意志。我们也就把它视为后人"附会"之作吧。

　　关羽的书法，据说在荆州也曾有遗存：

　　　　荆州府有帝亲书"三秦雄镇"四大字。匾题曰：郡主关某书。明万历初，有人易去其匾，地震三日，阖郡骇异。于是，百姓相率白郡守，仍悬之，遂止。（《关圣帝君圣迹图志全集》卷之二）

　　易匾引起地震的说法，只能说是演绎的故事，不能信的。

现在，其匾已不存在。荆州为楚地，关羽长期镇守荆州，为其书匾亦是可能。但是，为什么书写的是"三秦雄镇"，令人不解。

按中国社会的传统习惯来看，关羽生前是颇有地位之人，而且能书，因此，他有一些书法墨迹流传于世，是可能的，也很正常。但是，三国时期的东西要传留至今，确属不易，即使传到明、清时期，也很困难。不过，我们从流传下来的两个十二字篆书，且不去说它墨迹的真伪，就其思想内涵，对后人来说，还是颇有教益的。

○
○

画竹之祖

松、竹、梅，被誉为"岁寒三友"，它们都是经得住风霜、严寒考验的。爱松、爱竹、爱梅，是中国古代尚雅文士的风尚。宋代大诗人苏东坡就有诗云："可使食无肉，不可居无竹。无肉令人瘦，无竹令人俗。"

竹子，历来被人们视为情操高尚的代表、象征。据上海复旦大学伍蠡甫教授说，相传我国最早画竹的人是三国时期的关羽。他的这一说法是有据的。俞剑华先生编的《中国美术家人名词典》称：

　　关羽，字云长，本字长生，河东解人。封汉寿亭侯，谥壮缪侯，有石刻画竹，凛凛刚正。按《解州志》

谓有石刻画竹干霄。凡言画竹者始自五代李夫人，不
知实轫自羽也。

北京中国书店1982年版《中国画家大辞典》也将关羽
作为画家录入，条目文字与此大致相同。

台湾的何恭上先生在他主编的《中国美术史》第六章
中，以"画竹之祖的关羽"为题，写道：

　　三国时代的绘画也和汉代的绘画一样，对于重要
的史实也仅仅是散见于各史书的记载。三国时代虽然
又短又乱，可是留名后世的知名画家却不少。例如魏
的曹髦、杨修、桓范、徐邈，蜀的关羽、诸葛亮，吴
的曹伟兴、赵夫人等，都是名列经传的画家。其中关
羽也就是我们所熟知的关公，他最擅长画竹，一时被
称为"画竹之祖"。关公所画的竹据说留有石刻。由此
可见他的画艺是如何的高超了。谈到画竹，大家都认
为始于五代的李夫人，其实是由关公开其先河。

由此可见，关羽的画竹传说不是无稽之谈，而是由来
已久。说关羽善画竹，也是推崇他的精神和情操。

世间尚未闻有关羽竹画的真品遗存，关羽的石刻竹画
则是散见于各处。关羽的石刻竹画，是风雨竹诗画，即风
竹诗画和雨竹诗画。除碑刻外还见于书籍。《关圣帝君圣迹
图志全集》镂刻有此诗画。风竹诗画和雨竹诗画均各为两

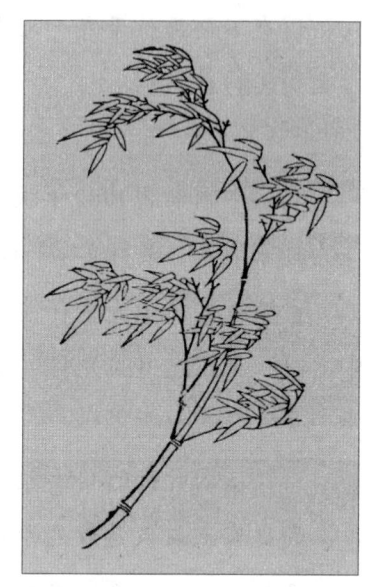

《关圣帝君圣迹图志全集》存录关羽画风竹诗图

幅。每幅画面都是一枝竹子，由竹叶错综组成一首五言诗。
而《解梁关帝志》仅刻风竹诗画两幅，而未刻雨竹诗画。

风竹画诗为：

> 不谢东君意，丹青独立名。
>
> 莫嫌孤叶淡，终久不凋零。

雨竹画诗为：

> 大业修不然，鼎足势如许。
>
> 英雄泪难禁，点点枝头雨。

关于风雨竹诗画的来历，上述两志都有记载。

《关圣帝君圣迹图志全集》卷之二说：

> 考竹诗石刻，（明宣宗）宣德间，徐州创铁佛寺，劚（zhǔ，掘地）地得之。

在徐州得到的是石刻，而且是两组四幅，即完整的风竹诗画和雨竹诗画。

《解梁关帝志》卷之一说：

> 相传竹叶错综成文为五言一绝。诗曰：不谢东君意，丹青独立名。莫嫌孤叶淡，终久不凋零。或曰：此关帝降鸾笔也。今刻于肥城（今山东省肥城市）李中丞所修庙中。

在肥城发现的竹诗画是一组二幅，即风竹诗画，没有雨竹诗画。说这诗画是"关帝降鸾笔"，那是无稽之谈，没有道理。正是这一句"关帝降鸾笔"，使一些论者认为它是伪作。

柯文辉认为，此画是清代画法，和宋人文与可、苏东坡所画不同，何况汉朝无写竹出名的历史人物。所题五绝也是"扶鸾笔也"。绝句一体，唐后才定格，南北朝诗人作品中仅个别人如庾信的个别小诗在格律上有偶合，绝非自觉运用平仄声韵的产物。（柯文辉《解州关帝庙》，北京出版社

　　断言风雨竹画是"清代画法"，从而否定它，缺乏说服力。而且，显然与《关圣帝君圣迹图志全集》中的发现竹诗石刻是在明代宣德年间不符。再说"汉朝无写竹出名的历史人物"，从而否定关羽写竹，也欠妥。笔者认为，认可关羽是"画竹之祖"与他是否称得上是"写竹名家"那是两码事，不能等同。由于他是"画竹第一人"，而称之为"画竹名家"，历史地认定，也未尝不可。

　　民间对于关羽画风雨竹诗画有两个传说。

　　一说是，此诗画是关羽羁留许都时画就的，画竹言志，志存高洁。当他离开许都时，将诗画送给曹操，以表明心迹。据说曹操见了风雨竹诗画很高兴，更加敬慕他的人品，便珍藏起来。

　　另一说是，当年关羽在原籍杀人逃亡后，他的夫人胡氏带着儿子关平隐居在中条山下，胡氏每天教儿子关平习文练武。后来，关平长大后，关羽已经很有名望了。胡氏就让关平去投奔他的父亲。临行时，胡氏采了些杏梅，又摘了两枝竹枝，让关平带给关羽。胡氏的寓意是明白的，她和关羽青梅竹马，爱情忠贞不渝。关羽看到杏梅和竹枝后，很动情，便绘出了风雨竹画，并赋诗寄情，而将诗用竹叶绘写在竹枝上。

　　不同的传说，则意味着对风雨竹诗画截然不同的认识和解释。

　　在全国不少关庙中都陈列有风雨竹诗画碑刻。西安碑林、河南少林寺里也有。不久前，笔者还在《北京晚报》上看到一篇文章，介绍在北京一处关庙中的风雨竹诗画碑刻。还有文章介绍上海市松江文化馆珍藏的清代镌刻的风雨竹诗画碑。在关羽故里山西省运城市博物馆，现在也保存有两种刻于不同年代的风雨竹诗画石碑。碑上都未注明镌刻时间，所以，年代都不能确定。一种年代显然早一些，刻在两块正方形石上，长、宽都是0.47米，书有"汉夫子风雨竹"。另一种年代就要晚一些，碑为长方形，高0.79米，宽0.37米，一块上旁书"汉夫子风竹"，另一块上旁书"汉夫子雨竹"。但是，诗句组合起来却是风竹画诗句。这两通碑为什么会把风雨竹诗画混到一起？就无法说清了。

上述这些关羽风雨竹诗画，都是一枝成画，而由两枝分别独立组成风竹诗画和雨竹诗画。但是，笔者1993年去洛阳、荆州等地关庙实地考察时发现，关羽的风雨竹诗画还有另一种形式，即由直立的两枝竹子交错组成诗画，这种画法就别具一格了，不同于一般。而且，这些碑刻大都是新镌刻的，原本为何？初刻于何年？当地人也说不大清楚。

笔者认为：关羽画风雨竹，是可能的。因此，历史地称他为"画竹之祖"，也是可以的。因为，在他之前，尚未听说谁画过竹。但是，关羽毕竟不是专工丹青的妙手，对他的画竹不能以书画家的标准去要求他、衡量他。他毕竟只是一位战将，像他的书法一样，画竹也只是偶尔为之。誉之过高，或是要求太高，都是不适当的。至于，对现今传世的各种不同的关羽风雨竹诗画做出"是"与"非"的判断，那是相当困难的。因此，我们可以说：关羽的风雨竹诗画也是留给我们的一个难以破译的谜题。

第 六 章

文学艺术作品中的关羽形象

在陈寿的《三国志》里，关羽虽然有传，但是，对他的记载是很粗略的，这使后世一些对关羽十分崇拜的文人很是愤愤不平，认为陈寿是因其父原为马谡参军，在马谡失街亭一事中受到诸葛亮连带处理，因而对蜀汉抱有个人偏见，有意冷落关羽。这种说法是否确切，且不说它。但是，关羽的名字却并不因陈寿的不着力插叙而湮没，反而声闻千古，显赫于世。清人章学诚、胡应麟等认为在三国时期的众多人物中，"关羽独为妇孺所称，则小说标榜之力"。他们把关羽显名于古今，完全归之于"小说标榜之力"，当然是不准确的，因为他们忽视了其他文学艺术形式如戏剧刻画的关羽形象的巨大影响，以及历代封建皇帝、统治集团为树立这个形象所做的种种努力和各种教派对关羽的神化。

在文学艺术作品中所塑造的关羽典型艺术形象，所产生的社会效应，是不能低估的。古往今来，许多人都是通过文学艺术作品而不是通过历史文献走近和认识关羽的。

○○

说话和话本《三分事略》《三国志平话》中的关羽

　　唐、宋时，由于经济发展，工商业繁荣，市场繁华，为适应城市市民文化娱乐需要，出现了说话艺术。所谓说话艺术，就是讲说故事。而讲说故事，则形成了各种流派，宋代有"说话四家"之说：即说经、说史、说合生、说小说，并各有特点。

　　在说史书这一流派中，讲说三国故事是很盛行的，在市井中很受欢迎，并且产生很大影响。唐代诗人李商隐的《骄儿》诗中就有"或谑张飞胡，或笑邓艾吃"之句，说明三国故事在唐代普通市民中引起广泛兴趣。到了宋代，苏东坡《志林》也说：

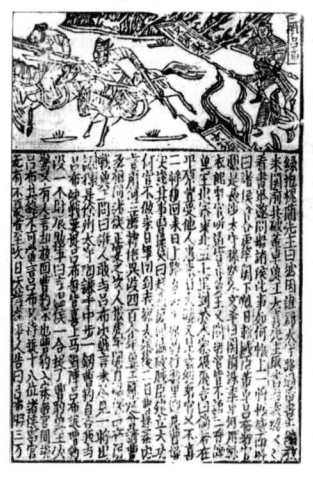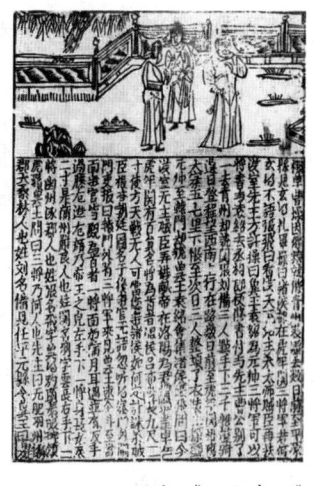

话本《三分事略》

王彭尝云，途巷中小儿薄劣，其家所厌苦，辄与
钱，令聚坐听说古话，至说三国事，闻刘玄德败，频
蹙眉，有出涕者，闻曹操败，即喜唱快。以是知君子
小人之泽，百世不斩。

在说三国故事中，关羽、刘备及张飞就是经常被提及
的人物。他们的形象，在说话艺人的口说中，开始被塑造。

"话本"是说话人的底本、凭依。说三国故事的话本就
有了《三分事略》和《三国志平话》。

《三分事略》是迄今发现的我国民间说话艺人最早的一
个话本。是在元世祖至元三十一年（1294）由建安书堂刊
印出版，分上、中、下三卷，约六万字。版面设计为上、
下两栏。这是近年发现的讲说三国故事话本的海内外仅存
孤本。原书现藏于日本天理大学天理图书馆，国内有中华
书局据天理图书馆藏本影印本，收录入1992年出版的《古
本小说丛刊》中。

继《三分事略》之后，在元英宗至治元年（1321）后
又出现了新安虞氏刊印的《三国志平话》话本，它也分为
上、中、下三卷。其版式也分为上、下两栏，上栏为图画，
下栏为文字，与《三分事略》版式相同。这种图文并茂的
版式，适应了当时市民读者的需要。《三国志平话》比《三
分事略》刊印时间晚二十七年。鲁迅先生曾对《三国志平
话》有这样的评价：

惟文笔则远不逮，词不达意，粗具梗概而已……观其率单之处，颇足疑为说话人所用之话本，由此推演，大加波澜，即可以愉悦听者，然页必有图，则仍亦供人阅览之书也。（《鲁迅全集》卷九《中国小说史略》）

鲁迅先生对《三国志平话》的评价，亦可移用于《三分事略》。两种话本有相似之处。这两种话本，是民间话说三国故事深入发展的产物。

笔者比较了两种话本，认为它们具有民间文学艺术作品的朴实、通俗、简练、口语化的特色，融历史事实与民间传说为一体，构筑了三国故事基本情节，有声有色，具有一定的艺术魅力。这两个话本，既可供说话人据以讲说三国故事，又是可供人阅读的通俗读物。它们刻印的底本大概就是说话人的手稿，没有经过文人加工润色，所以，文字显得很粗糙。

《三分事略》和《三国志平话》基本上形成了三国故事的大框架。三国时期的主要历史人物如曹操、孙权、刘备、诸葛亮等等，都在其中亮相。就关羽来说，他所经历的一些重要事件，诸如桃园三结义、征战黄巾军、徐州交兵、土山被困、陷身曹营、白马解围、灞陵挑袍、千里走单骑、五关斩六将、三顾茅庐、赤壁大战、水淹七军等等，在话本中都有交代。应该说，从民间艺人的话说三国故事，到

《三分事略》和《三国志平话》话本成书，关羽这个人物在民间说唱艺术中，已经具备有一定的性格特征，作为一个文学艺术典型来说，已见雏形。说话与话本《三分事略》和《三国志平话》所描绘的关羽形象，为其后出现的著名历史小说《三国演义》以及戏剧艺术中关羽这个典型形象的塑造，打下了一个良好的基础。

○
○
罗贯中笔下的"三绝"之一

　　罗贯中是元末明初小说家，名本，号湖海散人。对他的籍贯说法不一，有说是钱塘（今浙江省杭州市）人，有说是东平（今属山东省）人，有说是庐陵（今江西省吉安县）人，有说是山西太原人。在这几种说法中，笔者认为，以山西太原人为是。1996年，在山西省祁县西六支乡河湾村农民罗瑞录、罗巨川两人家中发现的两本《罗氏家谱》，记载了《三国演义》作者罗贯中的有关情况，同时，又在河湾村发现了与罗贯中有关的一批珍贵文物。祁县在元、明、清时期均隶属于太原府，位于太原府西南75公里。《罗氏家谱》及有关文物在1997年经山西省文物委员会鉴定，对确定罗贯中是"太原人"，无疑是有价值的佐证。相信经过有关专家的研究，罗贯中的祖籍一定会得到最后确认。

　　罗贯中与关羽都是山西人。在罗贯中所处的那个年代，关羽的影响已经很大，民间传说也很多，罗贯中对此一定会有所了解，从而对他写作《三国演义》时塑造关羽这个人物产生了极大影响。

《三国演义》成书于元末明初。它从东汉末期汉灵帝中平元年（184）黄巾军起义开始写起，一直叙述到晋武帝太康元年（280）吴亡为止，几乎整整一个世纪。内容涉及东汉末期军阀混战，魏、蜀、吴三国鼎立，到晋实现全国统一，它既取材于正史，如陈寿的《三国志》、范晔的《后汉书》习凿齿的《汉晋春秋》，又吸收了民间口头流传的三国故事和民间艺人说三国话本《三分事略》和《三国志平话》，以及三国戏曲故事，这些素材经过综合熔裁、再创作而成书。由于它是历史小说，故不能不制约于历史，但是它又不拘泥于历史事实，往往在故事、人物方面有一些虚构，所以，人们历来称《三国演义》是"七分是实，三分是虚"，即历史事实与演义虚构相糅合。

《三国演义》中描写的人物非常多，而且，有一些性格鲜明、影响深远的艺术形象。如董卓、吕布、貂蝉、曹操、孙权、刘备、诸葛亮、张飞、赵云、黄忠、周瑜、鲁肃、吕蒙、郭嘉、司马懿等等。而关羽的形象尤为突出，被清代文学批评家金圣叹称为"三绝"之一——"义绝"（另二绝为曹操的"奸绝"，诸葛亮的"智绝"）。

鲁迅先生在说到《三国演义》时，也曾指出：

　　至于写人，亦颇有失，以致欲显刘备之长厚而似伪，状诸葛之多智而近妖；惟于关羽，特多好语，义

勇之概，时时如见矣！（《鲁迅全集》卷九《中国小说史略》）

　　的确如此，关羽在《三国演义》里是被着力描写的，而且是一个塑造得很成功的形象。由于《三国演义》的"七实三虚"，关羽在这里只是一个文学作品里的典型人物，他的形象，既有历史真实的影子，又有作者虚拟的色彩，因此，决不能把《三国演义》里关羽的所作所为，"完全"等同于历史的关羽的真实。但是，由于《三国演义》塑造的关羽的文学形象，又实实在在地表现了历史中关羽性格、行为的某些真实方面，因而，我们在看待文学形象中的关羽时，又不能完全置历史于不顾。《三国演义》中的关羽既是历史的，又是演义的。笔者之所以要对《三国演义》中的关羽形象进行评述，是为了探讨这一文学艺术形象所产生的社会影响。

　　作为一个文学典型形象，罗贯中着力于宣扬关羽的"忠义"思想，把他描绘成一个身体力行"忠义"的偶像，讴歌了他"义贯千古"的重义品质。

　　"宴桃园豪杰三结义"，罗贯中从开篇第一回就把刘备、关羽、张飞推到了读者面前，并为他的人物刻画奠定了基调。在当时，都是"一介寒微"的刘备、关羽、张飞，由于情投意合，结为异姓兄弟，并盟誓说："不求同年同月同日生，只愿同年同月同日死。皇天后土，实鉴此心。背义忘恩，天人共戮！"强调他们三人的结合是一种"义聚"。

后来，故事的发展，无论是刘备、张飞，还是关羽，都恪守着初始的这一誓言，而关羽表现得尤为突出。作者从第二十五回开始，直到第二十八回，用很长的篇幅极力美化、塑造关羽的"忠义"性格。

在第二十五回"屯土山关公约三事，救白马曹操解重围"中写道：下邳之战关羽失利，被曹操团团围困于土山上，关羽提出三个投降条件：即降汉不降曹、赡养刘皇嫂和一旦知道刘备去向，不管千里万里，便当辞去。在这三个条件中，最重要的是第一和第三条，是体现了关羽品格特点的。曹操接受了他的条件，因此，他随曹操去了许都。在许都期间，曹操对关羽进行百般笼络，三日一小宴，五日一大宴，送美女，赠金银，但是，关羽并不为之所动。最能说明问题的是两件事。

一是曹操赠锦袍给关羽：

> 一日，操见关公所穿绿锦战袍已旧，即度其身品，取异锦作战袍一领相赠。关公受之，穿于衣底，上仍用旧袍罩之。操笑曰："云长何如此之俭乎？"公曰："某非俭也。旧袍乃刘皇叔所赐，某穿之如见兄面，不敢以丞相之新赐而忘兄长之旧赐，故穿于上。"操叹曰："真义士也！"

二是曹操送战马给关羽：

忽一日，操请关公宴。临散，送公出府，见公马瘦，操曰："公马因何而瘦？"关公曰："贱躯颇重，马不能载，因此常瘦。"操令左右备一马来。须臾牵至。那马身如火炭，状甚雄伟。操指曰："公识此马否？"公曰："莫非吕布所骑赤兔马乎？"操曰："然也。"遂并鞍辔送与关公。关公再拜称谢。操不悦曰："吾累送美女金帛，公未尝下拜；今吾赠马，乃喜而再拜；何贱人而贵畜耶？"关公曰："吾知此马日行千里，今幸得之，若知兄长下落，可一日而见面矣。"操愕然而悔。

这两件事很能说明关羽重义、重然诺的品质。他身困许都备受曹操眷顾、恩赐，仍念念不忘故主刘备，这就是所谓"身在曹营心在汉"。

在第二十六回"袁本初败兵折将，关云长挂印封金"中，关羽得知刘备在袁绍处，便立即表示了要去投奔之意。

关公曰："人生天地间，无终始者，非君子也。吾来时明白，去时不可不明白。"

关羽去丞相府拜辞曹操，曹操避而不见；去见张辽，张辽也托疾不出。关羽知道曹操是不允许他走。但是，他去意已定，便写了封信给曹操。

写毕封固，差人去相府投递；一面将累次所受金银，一一封置库中，悬汉寿亭侯印于堂上，请二夫人上车。关公上赤兔马，手提青龙刀……径出北门……关公怒目横刀，大喝一声，门吏皆退避。关公既出门，谓从者曰："汝等护送车仗先行，但有追赶者，吾自当之，勿得惊动二位夫人。"从者推车，望官道进发。

在这里，作者突出地刻画了关羽心地坦荡、来去光明磊落的言行，以及恪守信义的坚定性。

这一系列的描写，充分表现了关羽贫贱不移、富贵不淫、威武不屈的品质，这正是人民群众所喜爱、赞颂的品质。

关羽被美化为"义"的化身。关羽的"义"不唯表现在刘备、关羽、张飞三人的情感纽结上，而且也表现在对他的敌人曹操身上。在《三国演义》第五十回"诸葛亮智算华容，关云长义释曹操"中，诸葛亮"智算"曹操兵败后要从华容道退去，他又夜观乾象，知道曹操命不该亡，就差关羽去华容道扼守，把放走曹操的人情，留给他去做。果然，曹操兵败后就奔这里来了。

言未毕，一声炮响，两边五百校刀手摆开，为首大将关云长，提青龙刀，跨赤兔马，截住去路。操军见了，亡魂丧胆，面面相觑。操曰："既到此处，只得决一死战！"众将曰："人纵然不怯，马力已乏，安能复战?"程昱曰:"某素知云长傲上而不忍下,欺强而不凌弱;恩怨分明,信义素著。丞相旧日有恩于彼,今只亲自告之,可脱此难。"操从其说,即纵马向前,欠身谓云长曰:"将军别来无恙!"云长亦欠身答曰:"关某奉军师将令,等候丞相多时。"操曰:"曹操兵败势危,到此无路,望将军以昔日之情为重。"云长曰:"昔日关某虽蒙丞相厚恩,然已斩颜良,诛文丑,解白马之围,以奉报矣。今日之事,岂敢以私废公?"操曰:"五关斩将之时,还能记否?大丈夫以信义为重。将军深明《春秋》,岂不知庾公之斯追子濯孺子之事乎?"云长是个义重如山之人,想起当日曹操许多恩义,与后来五关斩将之事,如何不动心?又见曹军惶惶,皆欲垂泪,一发心中不忍。于是把马头勒回,谓众军曰:"四散摆开。"这个分明是放曹操的意思。操见云长回马,便和众将一齐冲将过去。云长回身时,曹操已与众将过去了。云长大喝一声,众军皆下马,哭拜于地。云长愈加不忍。正犹豫间,张辽纵马而至。云长见了,又动故旧之情,长叹一声,并皆放去。

这一段文字,是从另一个角度表现关羽重义的品质。说明关羽对义的理解和身体力行,是宽泛的,绝不仅仅限于他们结义兄弟三人的小集团之内。他义释曹操是冒着掉脑袋的危险的,因为他行前立过军令状,置生死于不顾,符合儒家"舍生取义"的道德原则,这对于刻画关羽的性格，又是相当成功的。

关羽这种重"义"的品质，无论是表现在刘备、关羽、张飞三者"兄弟而君臣"方面，还是表现在华容道放走曹操方面，都夹杂着浓厚的封建忠君、报恩思想。但是，我们历史地看待关羽这一文学形象，作者这样"理想地"描绘他，是完全合乎情理的，他不能超越历史，也不能超越传统的伦理道德观念。而且，关羽重"义"的品质，既得到历代统治者的肯定和宣扬，也得到了人民群众的认可和尊崇。不过，统治阶级和人民群众是从不同的意义上来理解关羽这一重"义"品质的。

作为一个文学典型形象，罗贯中还耗费了大量笔墨来描绘关羽的神勇行为，突出地表现了他"万人之敌""超群绝伦"的英雄气概。作者是通过不同的场面来完成对关羽神勇气概的塑造的。

首先是"温酒斩华雄"（《三国演义》第五回）。当时，董卓手下大将华雄率兵来与诸侯兵马交战，一连斩杀了多名战将。华雄因之耀武扬威，不可一世，众诸侯束手无策。

> 众皆失色，（袁）绍曰："可惜吾上将颜良、文丑未至！得一人在此，何惧华雄！"言未毕，阶下一人大呼出曰："小将愿往斩华雄头，献于帐下！"众视之，见其人身长九尺，髯长二尺，丹凤眼，卧蚕眉，面如重枣，声如巨钟，立于帐前。绍问何人。公孙瓒曰："此刘玄德弟关羽也。"绍问现居何职。瓒曰："跟随刘

玄德充马弓手。"帐上袁术大喝曰："汝欺吾众诸侯无大将耶？量一弓手，安敢乱言！与我打出！"曹操急止之曰："公路息怒。此人既出大言，必有勇略；试教出马，如其不胜，责之未迟。"袁绍曰："使一弓手出战，必被华雄所笑。"操曰："此人仪表不俗，华雄安知他是弓手？"关公曰："如不胜，请斩某头。"操叫酾热酒一杯，与关公饮了上马。关公曰："酒且斟下，某去便来。"出帐提刀，飞身上马。众诸侯听得关外鼓声大振，喊声大举，如天摧地塌，岳撼山崩，众皆失惊。正欲探听，鸾铃响处，马到中军，云长提华雄之头，掷于地上。其酒尚温。

当时，还只是一个小小马弓手的关羽，在两军阵前抖擞精神，显施英勇，"酒尚温时斩华雄"，将董卓手下的骁将华雄的人头置于惊措中的众诸侯帐前，建立了"威震乾坤第一功"。这一行动的前前后后，关羽何其神勇！

其次是斩颜良、诛文丑（《三国演义》第二十五回）。颜良和文丑都是河北军阀袁绍麾下心爱的战将。当华雄耀武扬威时，袁绍就曾感叹颜良、文丑不在身边，否则，华雄是不足惧怕的。这是袁绍明白地表示，他的这两员爱将更胜华雄一筹。作者罗贯中这样描写，实际上，是为后来关羽斩颜良、诛文丑埋下了伏笔。在曹操与袁绍两军于白马坡对垒时，那颜良果然厉害，连斩曹操二将，连曹操手下的骁将徐晃与之交战，也败下阵来。于是，曹操便请关羽助阵。关羽果然不负众望，一上阵就策马敌营，于万军中刺颜良于马下：

　　曹操指山下颜良排的阵势，旗帜鲜明，枪刀森布，严整有威，乃谓关公曰："河北人马，如此雄壮！"关公曰："以吾观之，如土鸡瓦犬耳！"操又指曰："麾盖之下，绣袍金甲，持刀立马者，乃颜良也。"关公举目一望，谓操曰："吾观颜良，如插标卖首耳！"操曰："未可轻视。"关公起身曰："某虽不才，愿去万军中取其首级，来献丞相。"张辽曰："军中无戏言，云长不可忽也。"关公奋然上马，倒提青龙刀，跑下山来，凤目圆睁，蚕眉直竖，直冲彼阵。河北军如波开浪裂，关公径奔颜良。颜良正在麾盖下，见关公冲来，方欲问时，关公赤兔马快，早已跑到面前；颜良措手不及，被云长手起一刀，刺于马下。忽地下马，割了颜良首级，拴于马项之下，飞身上马，提刀出阵，如入无人之境。河北兵将大惊，不战自乱。

关羽在万军阵前刺颜良于马下，一举一动，十分自信、潇洒、勇武。

后来，关羽刀劈文丑，又是一番景象（《三国演义》第二十六回）：

　　操在土阜上指曰："文丑为河北名将，谁可擒之？"

张辽、徐晃飞马齐出，大叫："文丑休走！"文丑回头，见二将赶上，遂按住铁枪，拈弓搭箭，正射张辽。徐晃大叫："贼将休放箭！"张辽低头急躲，一箭射中头盔，将簪缨射去。辽奋力再赶，坐下战马，又被文丑一箭射中面颊。那马跪倒前蹄，张辽落地。文丑回马复来，徐晃急轮大斧，截住厮杀。只见文丑后面车马齐到，晃料敌不过，拨马而回。文丑沿河赶来。

忽见十余骑马，旗号翩翩，一将当头提刀飞马而来，乃关云长也，大喝："贼将休走！"与文丑交马，战不三合，文丑心怯，拨马绕河而走，关公马快，赶上文丑，脑后一刀，将文丑斩下马来。

这一仗，关羽又充分表现了他神奇、英勇的大将风度。

随后，在千里走单骑、过五关斩六将、古城城外杀蔡阳等一系列场面中，又将关羽的英勇善战表现得淋漓尽致。关羽此行，匹马单枪，遇到了曹操各处扼守关隘战将的阻拦，而他毫不畏惧，一连闯过东岭、洛阳、汜水、荥阳、黄河渡口等关卡，刀劈孔秀、韩福等曹操六员战将。对此，曹操并不介意，还特地派了张辽远远赶来，传谕各处，放关羽行走，送了个人情给他。老蔡阳太不识相，硬是要赶来与关羽争锋，只落得在古城城前搭上自己一颗人头。千里单骑、五关斩将，这一路，关羽真是天马行空，挥洒自如，谁也奈何不得，落得个"忠义慨然冲宇宙，英雄从此震江山"。

关羽的英勇气概，还在第六十六回的"单刀赴会"中得到了充分表现。当东吴大将鲁肃使人来邀关羽陆口相会时，关平、马良等人都劝他不要前去赴会，关羽却不以为然，决心要独驾小舟，单刀赴会：

云长曰："吾于千枪万刃之中，矢石交攻之际，匹马纵横，如入无人之境；岂忧江东群鼠乎！"马良亦谏曰："鲁肃虽有长者之风，但今事急，不容不生异心。将军不可轻往。"云长曰："昔战国时赵人蔺相如，无缚鸡之力，于渑池会上，觑秦国君臣如无物；况吾曾学万人敌者乎！既已许诺，不可失信。"……次日，肃令人于岸口遥望。辰时后，见江面上一只船来，梢公水手只数人，一面红旗，风中招飐，显出一个大"关"字来。船渐近岸，见云长青巾绿袍，坐于船上；傍边周仓捧着大刀；八九个关西大汉，各跨腰刀一口。鲁肃惊疑，接入庭内。叙礼毕，入席饮酒，举杯相劝，不敢仰视。云长谈笑自若。

关羽和鲁肃就荆州问题唇枪舌剑交锋之后，便趁机结束这场"戏"：

云长右手提刀，左手挽住鲁肃手，佯推醉曰："公今请吾赴宴，莫提起荆州之事。吾今已醉，恐伤故旧之情。他日令人请公到荆州赴会，另作商议。"鲁肃魂不附体，被云长扯至江边。吕蒙、甘宁各引本部军欲出，见云长手提大刀，亲握鲁肃，恐肃被伤，遂不敢动。云长到船边，却才放手，早立于船首，与鲁肃作别。肃如痴似呆，看关公船已乘风而去。

在这个故事里，关羽与鲁肃的形象成为鲜明的对照。鲁肃设下圈套，阴谋诱杀关羽，以夺回荆州。关羽光明磊落，单刀赴会，毫无畏惧之意，突出表现了关羽临危不惧、勇往直前，自信能制服对手安全而归的英雄气概。而鲁肃见关羽便心怀疑忌，不敢正眼看他。鲁肃虽为主人，左右有千军万马，却吓得魂不附体。关羽仅有周仓和几个关西大汉跟随，却威风凛凛地来而复去，如入无人之境。显然，关羽内在的那种"神威"占据着上风。作者笔下的关羽，不但在血雨腥风的战场上是个叱咤风云的猛将，就是谈判桌上，也是一个胆识过人、谋略超凡的英雄。

作者就是通过这些故事情节，把关羽刻画成一个勇武的英雄形象。

作为一个文学典型形象，罗贯中并没有一味描写关羽性格品质好的一方面，而且，也批判地描写了关羽性格的缺陷方面，如刚愎自用、骄傲自负等等。

关羽在荆州闻知西凉马超归顺刘备后，被刘备封为平西将军，心里很不受用，就差了儿子关平送书信给刘备，要与马超比武艺一决高低。后来，是诸葛亮回复了他一封信，指出马超虽然勇武，但不过是黥布、彭越一流，称关羽"绝伦超群",使他骄傲自负的虚荣心得到了满足,便不再提入川比武的事了。

在出征樊城前,由于傅士仁、糜芳饮酒导致帐后失火,关羽扑灭大火后,就要将傅、糜二人斩首。经费诗劝解,才将二人予以免死,杖责四十大棍,罚他们分别去守南郡和公安,并留下话来:"吾若得胜回来之日,稍有差池,二罪俱罚!"(《三国演义》第七十三回)由于关羽对此二人的处置不当,促使二人后来投降了东吴,成为关羽后来走向失败的原因之一。

在处理与东吴孙权的关系上,关羽也显得粗糙、鲁莽、自负而缺乏远虑。他视东吴众人为"群鼠",不把他们放在眼里。孙权差诸葛瑾过江来为他的儿子求亲,表示"两家结好,并力破曹"。关羽听了:

> 勃然大怒曰:"吾虎女安肯嫁犬子乎!不看汝弟之面,立斩汝首!再休多言!"遂唤左右逐出。
> 瑾抱头鼠窜,回见吴侯,不敢隐匿,遂以实告。权大怒曰:"何太无礼耶!"便唤张昭等文武官员,商议取荆州之策。(《三国演义》第七十三回)

关羽傲慢、简单、粗暴地拒婚,使孙、刘可能缓和的矛盾加剧,影响到脆弱的孙、刘联盟关系,使关羽出兵北征之际,在他的后方出现了一个潜在的隐患。东吴孙权终于在关键时刻出兵袭取荆州,直接导致了关羽的失败。至此，孙、刘联盟关系彻底破裂、解体。

对关羽这个典型人物，罗贯中做了有限度的批判描写，他的笔墨仍然是着力于他的"忠义"和"勇武"方面。

○
○

戏曲舞台上的红脸关羽

关羽这个历史人物，不仅进入了民间说唱艺人的口头文学以及说三国故事的话本《三分事略》《三国志平话》和历史小说《三国演义》中，而且，走上了戏曲舞台。

中国的戏曲是一门源远流长、异彩纷呈的艺术。在戏曲舞台上被塑造亮相的千百艺术形象，在古往今来难以计数的观众中，留下了极为深刻的印记。许许多多的角色如包拯、曹操、诸葛亮、秦香莲、杨家将……家喻户晓，街谈巷议，有口皆碑。关羽也是其中之一。

关羽形象大量出现在戏剧舞台上，是在宋、元时期。中国戏曲艺术逐渐形成之际，元杂剧中，就有《单刀赴会》《西蜀梦》《关云长大破蚩尤》等多种关羽剧本。到明、清时期，就更多了。这些戏的剧情一部分取自民间传说，大部分则取自于《三国志》或《三国演义》。在中国戏剧发展的历史过程中，曾经出现过"三国戏"热，这无疑是由于三国故事经过口头与话本的广泛传播，为群众所喜闻乐道，从而引起戏剧界的重视，将大量生动有趣的故事编成剧本，搬上舞台。许多著名的剧种，都有相当数量的"三国戏"，其中包括"关公戏"。

以关羽家乡的蒲州梆子为例,"三国戏"有记载的就有八十八出,其中,"关公戏"有十八出。著名的剧目有《出五关》《古城会》《出许昌》《挑袍》《水淹七军》《单刀会》《斩貂蝉》《走麦城》等。

京剧里的"三国戏"和"关公戏"就更多了。据陶君起先生编著的《京剧剧目初探》中列出的"三国戏"剧目有一百五十四出,其中,以关羽形象为主角或配角的戏则有二十三出。作为历史人物,在戏剧舞台上能够有这么多的机会与众多的观众见面,是不多见的。与关羽同时代的诸葛亮、曹操在戏剧舞台上也属于热门人物,但是,从数量上说也不能与关羽相抗衡,他们的戏都少于关羽。

在戏剧舞台上,关公的形象均是完美的英雄形象,即使是在《走麦城》里,他也是一位失败的英雄,他还要显灵报仇,英雄豪气不减当年,诚可谓:"生当作人杰,死亦为鬼雄。"(宋·李清照)

"三国戏"中的"关公戏"很多,而且,在传统剧目中占有一个特殊重要的位置,笔者不能一一去加以分析。由于关羽在这些戏曲中,总是以庄严、威武、豪迈的英雄形象出现,扮演关羽这一人物又有独特的装扮、独特的唱法、独特的功架身段,因此,红脸关羽就成为戏曲舞台上一个独具特色的典型艺术形象,受到广大观众的喜爱。众多的"关公戏"久演不衰,得以保留下来。戏曲这种广大群众喜闻乐见的艺术形式所塑造的红脸关羽形象，在群众心中所产生的影响是不亚于小说《三国演义》的。在形成关羽"独为妇孺所称"的文化现象中，戏曲的渲染作用也是不可低估的。前人对戏曲的教化、影响作用曾有这样的议论：

> 明刘宗周《人谱类记》卷下有云："今之院本，即古之乐章也。每演戏时，见有孝子、悌弟，忠臣、义士，激烈悲苦，流离患难，虽妇人、牧竖，往往涕泗横流，不能自已。旁观左右，莫不皆然。此其动人最恳切、最神速，较之老生拥皋比讲经义，老衲登上座说佛法，功效更倍。"王阳明先生曰："古乐不作久矣。今之戏子，尚与古乐意思相近。"门人请问，先生曰："……圣人一生实事，俱播在乐中，所以有德者闻之，便知他尽善尽美……若后世作乐，只是做些词调，于民俗风化绝无关涉，何以化民善俗。"今要民俗返朴还纯，取今之戏子，将妖淫词调俱去了，只取忠臣孝子故事，使愚俗百姓人人易晓，无意中感邀他良知起来，却于风化有益。（《关圣帝君圣迹图志全集》增集）

刘宗周和王阳明都讲到了戏曲艺术的潜移默化作用。就"关公戏"来说，除了戏曲故事情节本身所体现的思想意识、道德观念给观众以教化之外，就关羽这一人物形象来说，也在观众心中产生了极为广泛的影响，关羽忠义仁勇的化身出现在舞台上，面对万千观众，必有益于风化。

戏曲本来是一种艺术形式，是为了娱乐人民群众文化生活的，但是"关公戏"却曾遭禁演。

明、清两朝及前代都曾禁演过"关公戏"。

清人周寿昌在《思益堂日札》中称：

> 昔金章宗禁优人不得以前代帝王为戏及称万岁，最为得之。今都中演剧，不扮汉寿亭侯，或表演三国传奇有交涉者，即以关将军平代之。

清人董含在《三冈识略》中说：

> 明洪武二十二年（1389）榜文云："娼优演剧，除神仙、义夫、节妇、孝子、顺孙，劝人为善，及欢乐、太平不禁外，如有亵渎帝王圣贤，法司拿究。"

清人杨恩寿在《词余丛话》中云：

> 关帝升列中祀，典礼綦隆，自不许梨园子弟登场搬演。京师戏馆，早已禁革。湖南自涂朗轩督部陈枭时，始行示禁。

这种禁演"关公戏"之举，是统治阶级认为关羽是"圣"、是"帝"，而由娼优扮演做戏，实为亵渎。从现今的眼光来看，这种看法当然是可笑的，而在那个时代，却又被视为是神圣的、严肃认真的。对圣贤，对大帝，谁敢大不敬？谁敢当作儿戏？不过，从实际情况来看，这种禁戒并没有被很好地实施，因为，"关公戏"终究还是长演不衰，而且有些剧目还成为保留剧目就是明证。

在演出"关公戏"时，各个不同的剧种都很重视，有许多讲究，有一些清规，这也与关羽这个人物被神化有密切的关系，演员对他扮演的这个角色，有着一种崇敬与畏惧交织的复杂心态。如蒲州梆子演"关公戏"，关羽的脸谱就有严格的规矩，即全红脸勾鼻线，表示人物忠勇、正直、豪迈、坦荡的性格特征。在演出时，每次开场关羽登台亮相，要由戏班的拉场在出将口点燃一张加有松香的黄表纸，名为"火彩"，既表示对关羽的敬重，也表示一种祈愿，希望演出吉利，顺利成功，不要出现什么意外的闪失。而关羽登场演出时，眼睛总是闭着为好，因为，据说关羽只要一睁眼就要杀人。这种种讲究长期沿袭，剧团、演员都自觉而虔诚地恪守着，不敢破坏规矩。演"关公戏"的演员，为了表现关羽"刚、正、义、勇、节"的道德精神，常常是连续演出《屯土山》《赠赤兔》《挂印封金》《挑袍》《出五关》《古城会》《华容道》等七本戏，把关羽活灵活现地再现在舞台上。

在其他一些剧种中，演出"关公戏"也有一些讲究，如扮演关羽的演员要沐浴、焚香、燃放爆竹，等等。这种现象，充分表现了演员，甚至包括一些观众对关羽这个被神化了的文学艺术形象的神秘、敬畏的心态。据说，有些演员由于某种原因未能恪守这种"戒律"，在演出时就会失手，出现意外事故。三十年前有位粤剧演员新珠擅长演"关公戏"，从来没有过失手出事。有一次，他演出《水淹七军》时，在舞台上挥舞青龙偃月刀，突然脱力。新珠当即自知其身不洁才有这般失误。他立刻到关帝像前认错，改换别刀，才顺利演完。从此之后，新珠再演任何"关公戏"都不敢马虎，总要——认真从事。1949年，关氏后裔、名演员关德兴在越南三多戏院演出《守华容》，由于赶场紧，他来不及沐浴，便着装登台演出，结果，他一登场就马步不稳，一膝跪下，盔头与髯口都跌落，膝盖也受伤。关德兴当即认罪自身不洁后，才将戏演完……这些演员在演出中偶然失手的现象，是常见的，并不足怪。我们完全可以用"偶然巧合"来解释，但是，扮演关羽的演员，由于存在对这位人物的敬畏心理，所以，在失手后，便从自身找原因，认为是自身对关羽不敬，因冥冥之中关羽神灵的不满，才造成这些失误。他们有过一次失误，在以后的演出中就更加小心谨慎，一丝不苟，不再出差错。

演"关公戏"的演员，尽管恪守着一定的清规戒律，但是，他们在塑造关羽这个舞台艺术形象时，都从自己对这个人物的不同理解、认识，从脸谱、扮相、唱腔、做功等方面，不断予以改革、创新，以达到他们自认为美好的程度，并赢得观众的认可。众多戏曲工作者，在戏剧舞台上塑造的红脸关羽形象是成功的，具有典型意义，使关羽这个人物成为戏剧舞台上的一个偶像，并深深地烙印在观众的心中。

○
○

诗词楹联碑刻对关羽的描绘、赞颂

对关羽典型形象的构筑，小说、戏曲等的作用是非常
突出、明显的。但是，在文学艺术的其他方面，诸如诗词、
楹联、碑刻、序跋、文论等等，对关羽的描绘、宣传、颂
扬，所产生的社会效应，也是不能低估的。在关羽"独为
妇孺所称"中，它们也极为广泛地发挥了自己的作用。只
不过是，过去很少有人从这个方面进行分析、探讨。

一、诗词

历代的官僚、诗人、学者写有大量的诗词颂扬关羽。
这类诗词到底有多少？很难说清。仅从笔者手边的两部书
来说，在《关圣帝君圣迹图志全集》中收录有一百六十多
首；《解梁关帝志》中收录有一百二十多首（其中有重复）。
散存在各地方志或个人集子中的还有不少。这种经历许多
朝代、有很多人为之写诗的历史人物是不多见的。这些诗
词基本上都是一个倾向，歌颂关羽忠、义、仁、勇的精神，
威震华夏、彪炳史册的功业，哀伤其中道败亡的不幸。

唐代诗人，大历十才子之一的郎士元，写有一首《壮
缪侯庙别友人》五言古诗：

将军禀天姿，义勇冠今昔。

走马百战场，一剑万人敌。

谁为感恩者，竟是思归客。

流落荆巫间，裴回故乡隔。

离筵对祠宇，洒酒暮天碧。

去去勿复言，衔悲向陈迹。

宋人张商英，曾任尚书右仆射，他写有《咏辞曹事》一首：

月缺不改光，剑折不改铓。

月缺白易满，剑折尚带霜。

势利寻常事，难屈志士肠。

男儿有死节，可杀不可量。

金人张珣写有《义勇行》诗：

忆昔天下初三分，猛将并驱谁轶群。

桓桓胆气万人敌，卧龙独许髯将军。

威吞曹瞒欲迁许，中兴当日推元勋。

惜我壮缪功不就，竟令豺虎还纷纷。

血食千年庙貌古，岁时歌舞今犹勤。

君不见，天都灵武巢未覆，抚髀常思汉寿君。

元人火鲁忽达的一首《谒解州庙》诗写道：

来谒崇宁庙，遗容古貌寒。

奋戈扶汉祚，斩将报曹瞒。

忠烈条山并，英烈解土安。

未能并吴魏，常使后人叹。

元人李鉴写有一首《题大王冢》诗：

炎汉安危佩此身，垂成功业委枯榛。

傅糜惧罪生狂计，蒙逊阴谋谬见亲。

自许以南皆失望，吞吴而下岂无因。

三分往事成陈迹，椽笔称量自有神。

明人王世贞，曾任刑部主事。他写有《题关帝四画》
诗四首，叙述关羽生前事迹、死后传说：

馘（guó）颜良

辕门黑纛（dào，大旗）草头靡，渔阳突骑俄已矣。

謋（huō）然一声如裂兕，刀缨缕发锋血洗。

白马城头鼓初起，北人魂夺南人喜。

兖州冀州两国贼，委质酬恩竟谁是。

有身终为豫州死。

破七军

鲸波涨天天为赤，鼍（tuó，鳄）鼓毁城城欲圻。

七军肉臭鱼不食，于侯吞声庞侯咤。

尔庞七尺殉汉贼，碧眼小儿黠于鼫（shí，鼠）。

麦城将星忽中堕，高庙神灵扶不得，

有血还作西川碧。

创玉泉

金支翠旗晻（yǎn，阴暗）霭中，忽有赤骥腾秋空。

山都木客争趣工，驼石白象鞭丰隆。

幻出七宝须弥宫，有为之迹无为功。

永宁同泰虚争雄，可怜南北民力尽，

一炬赢得都城红。

平蚩尤

鼎湖龙髯久上天，妖魄再作修罗颠。

快意一扫猗池穿，彼髯何为扼我咽。

玄女再授轩皇权，七家铲削沉青烟。

宁惟晋人脂其口，度支岁岁饶金钱，

一奠北卤三千年。

明代著名文学家袁宏道在《谒帝墓》诗中写道：

白衣岂至计，竖子偶成功。

天将移汉祚，先忌绝伦雄。

明代另一位著名书画家文徵明写有《关帝读麟经》一诗：

　　有文无武不威如，有武无文不丈夫。
　　谁似将军文复武，战袍不脱夜观书。

清代写关羽的诗更多，兹不一一列举。
还有些人填词来表达他们对关羽的敬仰之情。
田茂遇写有《酹江月》：

　　对图画里，是三分虎将，千秋人杰。顾盼（xì，怒视）英风天生就，山岳男儿发发。眼底周郎，耳边魏操，尔尔成何物？丹衷赤手，重扶炎汉时节。　　一烛半卷《春秋》，古今看尽，了雄心欲绝。兔马龙刀转瞬间，铁索铜台相接。几点烟沉，群方云扰，战骨堆如雪。掀髯微笑，尘世几番花月。

刘涛的《满江红·夜观〈春秋〉图》写道：

　　鲁史《春秋》，近千载，何人解说？兵戈里，开函静对，精义发越。一盏孤灯当案照，满腔浩气横空揭。最留青，汉贼要分明，眦将裂。　　杼商惨，刀溅血；

盾止绞，急扑灭。究生平得力，春王正月。道脉源流接泗水，香烟辉灿垂千叶。大恨事，吴狗附何瞒，麟经绝。

二、楹联

由于关羽声名的广泛传播，从人而为神，庙祀遍寰宇，所以，流传保存下来的有关他的楹联也非常多。

传说，关羽曾经为自己自制了一副楹联：

数定三分扶炎汉，讨吴伐魏，辛苦备尝，未了生平事业；

志存一统佐熙朝，伏魔荡寇，威灵丕振，只完当日精忠。

这副关羽自制楹联是怎样来的呢？据《关圣帝君圣迹图志全集》卷之五载：

山左诸生张世美，病死未殓。幽魂号泣冥途。适经关帝殿前。帝召而问之曰："死生有命，哭之何益？"对曰："尚有八旬老母，无人奉养，是以悲耳。"问："有子否？"曰："甫四岁。"帝曰："少待。"即退殿。顷刻复出殿前曰："念尔孝心，已奉上帝，增寿一纪矣。"赐茶一杯，世美不敢领。帝曰："尔来路远，渴矣；此阳间物，但饮无妨。"遂饮之。既出，召语曰：

"世间奉我殿宇，必有对联，俱未道明我生平之事。此联可为我布传于世。"即醒，备告其母以及亲交。偶邻近有一帝君古庙，遂修葺之。因时日遣延，竟忘联语，忧思成疾。一日，其母晨起，忽有青衣叩门，手持一函付之曰："汝子见之，病即愈矣。"母授之于世美，起视，则圣联也。急向青衣，不知所在。

按以上的说法，关羽的这副自制楹联，是由于他对人世间供奉他的殿宇中所制的楹联都不满意，因为"俱未道明我生平之事"，所以，他便亲自动手制作一联，托山左（山东）生员张世美传布于世。这副楹联既概括了他的生平事迹与愿望，也写出了他壮志未酬之恨。

后人制作了大量楹联，对关羽的生平、功业进行了评说。笔者在这里只选辑有代表性的一些楹联，以窥其貌。

　　午夜何人能秉烛；
　　九州无处不焚香。
　　　　　　　　——明神宗朱翊钧

　　先武穆而神，大汉千古，大宋千古；
　　后文宣而圣，山东一人，山西一人。
　　　　　　　　——解州关帝庙

　　生蒲州，辅豫州，保荆州，鼎峙西南，掌底江山归统驭；

主玄德，友翼德，仇孟德，威震华夏，眼中汉贼最分明。

——许昌市灞陵桥关帝庙

产于解，则一乡之士；仕于蜀，则一国之士；忠于汉，则天下之士。而义为君臣，序为兄弟，交为生死，历千年鼎建弘祠，则亘古之世，浩气英风，洋洋如在其上，如在其左右；

表于献，有荡寇之封；谥于刘，有壮缪之封；褒于宋，有崇宁之封。而佛曰伽蓝，道曰伏魔，王曰武安，迄万历晋升帝位，有协天之封，旌功显德，浩浩孰知其始，孰知其终穷。

——金·程震

至大至刚，塞乎天地；
讨乱讨贼，志在春秋。

——元·柯九思

天无二日，民无二王，已矣乎，吾未之信，到今有憾三分鼎业；

义不可废，节不可夺，强哉矫，至死不变，平生无愧一部春秋。

——明·王阳明

称皇呼帝号天尊，庙貌与恒河沙比数，尽忠诚而食厚报者，万年仅见关夫子；

贱霸尊王扶汉室，心胸与旸谷日争光，读春秋而明大义者，百世堪追孔圣人。

　　　　　　　　　　　　　　　——南京关帝庙

忠义二字团结了中华儿女；

春秋一书代表着民族精神。

　　　　　　　　　　　　　　　——于右任

钦崇历有唐有宋有元有明，其心实惟知有汉；

徽号或为侯为王为君为帝，当日只不愧称臣。

　　　　　　　　　　　——自贡市西秦会馆关帝庙

　　这些楹联都对关羽的生平、功业进行了描绘、颂扬，脱不开封建伦理道德观念的表述，这是创作者受历史、阶级的局限所使然。我们自然需要以马列主义的观点，实事求是地历史地去认识、分析。

　　就广泛地出现于全国各地的这些楹联来说，对于关羽形象、精神的描绘和宣传，其影响是要超过诗词歌赋一类的，因为，它是一种"雅俗共赏"的大众化文学艺术形式，较之诗词歌赋一类，更贴近群众，它大多公开陈悬于庙堂外，能够有更多的机会被群众直观接触、欣赏，使人们对关羽其人有更多的了解。

三、碑刻

有关关羽的碑刻也很多，几乎在全国各地的关庙中，都有这种碑刻。其中，大致分为两类，一类是文字碑，一类是造像碑。

文字碑　这类碑多是因为修建关庙或其他特殊事件而撰写、镌刻的。

据现有的资料看，最早的关羽碑刻是唐德宗贞元十八年（802）《贞元重建庙记》，由大理寺评事董侹撰文。宋代有宋神宗元丰四年（1081）尚书右仆射张商英撰文的《重建关帝庙记》（湖北省当阳市），宋哲宗元祐七年（1092）河东路解州解县尉郑咸撰文的《重修关帝庙记》（山西省运城市）。金章宗泰和四年（1204）解梁军知州田德秀撰文的《重修关帝庙（解县关庙）记》。元武宗至大二年（1309）翰林院侍读学士郝经撰文的《重建汉义勇关帝庙（顺天府）记》。明代大儒方孝孺撰有《关帝庙》（浙江省海宁市）记。王世贞撰有《关帝庙（江苏太仓州）记》。清代有康熙十七年（1678）解州知州王朱旦撰写的《汉前将军壮缪关圣帝君祖墓碑记》，康熙二十三年（1684）李士桢撰写的《关帝庙》（广州市）重修记，等等。

在众多的碑刻中，确有一些精品。如明代万历十九年（1591）由著名学者、翰林院修撰焦竑撰文，著名书画家、庶吉士董其昌书丹的《正阳门关帝庙（北京）碑记》，不但文章写得好，书法有神韵，而且镌刻也很精美。三者合为一体，就成了一个艺术珍品，被人称为"三绝"。

从碑记内容来看，可以说是一体的颂歌，赞扬关羽的忠、义、仁、勇，所谓："义烈英灵，炳蔚万古。"（胡应麟《关帝庙碑记》）"纲常义勇，垂日月，弥宇宙。上匡王国，下福苍生。"（王维珍《阳城县重修关帝庙碑记》）"忠而远识，勇而笃义。事明君，抗大节，收俊功、蜚英名。磊磊落落，挺然独立。"（田德秀《嘉泰重修庙记》）"熊虎奇气，单敌万人；义烈高风，雄视三国，世之魁杰。"（喻时《光州关帝庙记》）"迹其生平之大节，出处之光明，所谓富贵不能淫，贫贱不能移，威武不能屈。"（《关圣帝君祖墓碑记》）还有一些碑文记叙了他成神后显灵济世的故事。如：《河南府孟津县关帝灵感记》和《摹勒关圣帝君宝像碑记》等，都记载了一些关羽显灵的趣事。有些碑文对关羽的不幸遇害发出一些感叹之词，并有严厉斥责"曹贼吴寇"之句。所谓："天不祚汉""功勋垂成，貉夏为厄，有志之士，盖深悲之。"（冯子振《广陵关帝庙碑》）"如帝不死，与武侯勠力；武侯治内，帝治其外，汉贼可诛，孙氏可卤；而高祖之天下可复也。"（方孝孺《关帝庙碑记》）等等。

这些碑文置于大庭广众之下，对群众会产生一些影响。相比之下，它似乎要较之诗词、楹联的影响小一些，却是重要的史料。

造像碑 关羽的造像碑在各地也很多，是以绘画镌刻的形式，表现关羽形象的英姿、豪气。据1961年香港广信印务公司版《关圣帝君圣迹图志全集》收录的关羽造像碑拓片就有十四幅，关羽的形态各异。这些造像碑置于大江南北各地，分布极广。

最早的一通关羽造像碑是《关壮缪像》，是一幅正面骑马挥刀像，高1.33米，宽0.57米。上刻有篆书赞词："乾坤正气，日月精忠，满胸义气，万代英雄。"此像是唐代大画家吴道子所绘。

在河南许昌市灞陵桥关帝庙亦有一通吴道子画的关羽像碑，碑高1.59米，宽0.51米，也是横刀骑马像。赞词为："丹心贯日，赤马斯风，两间正气，千古英雄。"这个赞词是写关羽在许都曹营期间的情景的。

宋代绘图的关羽造像碑有两通。一通是著名画家马远所绘的《关夫子像》，是一通正面侧身骑马像，碑高1.07米，宽0.6米。明代天启六年（1626）会稽李尚实镌石，碑藏于当地长庆寺。碑的左上角有明洪武皇帝敕封齐天护国大将军全文，右上角有清康熙二十三年（1684）董煌题词。另一通是南宋著名将领岳飞所绘的《关圣帝君像》，为正面侧身骑马挥刀像。碑高1.07米，宽0.47米。河南洛阳市关林现保存有此像碑刻。

其他是明、清时期绘刻的，有：

《关壮缪像》。碑高1.03米，宽0.52米。为正面侧身骑马挥刀像。上有摹篆文方印，文曰"汉寿亭侯之印"，是明代弘治三年（1490）扬州浚河时得到的，还有镇江吴拱宸的赞词。

《义勇武安王神像》。碑高0.67米，宽0.33米，明正德八年（1513）二月镌刻，并有像记。

《关壮缪像》。碑高1.13米，宽0.63米。明嘉靖三十六年（1557）由当阳县知县李应魁刻石，上刻有《辞曹操书》。

《关王辞曹操之图》。碑高1.57米，宽0.63米，碑正面上部为关羽的辞曹书全文，下部为灞陵桥挑袍图。关羽跨马横刀伫立在灞陵桥上，与赶来送行的曹操搭话。碑的背面为《关王辞曹归刘图记》，叙述了关羽的生平及辞曹经过。此碑镌立于明代宗景泰六年（1455）。保存完好，现藏于河南省许昌市关羽故居的春秋楼下。

《关圣帝君像》。碑高1.4米，宽0.67米。清顺治十四年（1657）长安卜桢镌刻，上有钱塘秦骏生集诗经、书经像赞。

《关圣帝君像》。碑高1.07米，宽0.6米。清康熙十六年（1677）李进泰刻。为正面侧身骑马像，上有"汉寿亭侯之印"方印。

《关夫子像》。碑高1.67米，宽0.63米。清康熙四十三年（1704）达礼善刻。为正面坐像，上书像赞。

《许昌灞陵桥挑袍圣迹图》。碑高1米，宽0.5米。骑马像。清乾隆二十一年（1756）刘仕伟绘刻。像下刻有《许昌灞陵桥挑袍古迹》七言律诗一首：

大勇原从集义生，挑袍小□怯疑兵。

灞陵桥上期为别，祖饯樽中合自倾。

印绶践言鼎汉叶，千金洁志辞曹轻。

单骑到处谁能阻，吩咐车轮缓缓行。

《关壮缪像》。碑高1.16米，宽0.64米。为正面坐像。新安江兰刻石。上有乾隆五十八年（1793）桂馥书的关羽《明圣经》。

《关壮缪像》。碑高1.1米，宽0.6米。为侧身之像，劳杏庄摹高且园画本，清道光二十九年（1849）劳丙堃刻石。

《关夫子像》。碑高1.03米，宽0.55米。上有解县印，并有《关夫子像赞》：

今古浩然，正大刚毅。

山西一人，并立天地。

像存故乡，惠千万祀。

此外，还有数行说明词：

此先圣五十三岁遗像，藏于解庙，相传至今，面有七痣，须髯稀疏而满颐。瞻仰之下，肃然生敬焉。

此像未著刻石年月。现收藏于山西省运城市博物馆。

《关圣帝君像》。碑高1.16米，宽0.58米。1922年镌刻。为正面侧身骑马挥刀像。上方有印一方。下方有昆明马向庆书写的赞词：

义存汉室，致主以忠。

春秋之旨，独得其宗。

天地合德，君师同功。

圣神文武，百世所崇。

此造像碑是摹刻前人的，现收藏于山西省运城市博物馆。

这些造像碑较之碑文，对于群众有很大的影响。它往往被拓摹装裱广泛流传于民间。在广东一带，还有些造像被临摹辗转刻印，被商家、店户供奉起来，视为财神。

○
○

关羽在民间文学中

中国的民间文学蕴藏丰富，异彩纷呈。笔者在研究关羽这个历史人物而进行实地考察的过程中，每到一地，都能听到有关他的神话、传说、故事……这足以说明，关羽在正史、小说、戏曲之外，还在民间文学这个海洋中，占据有重要的地位，被平民百姓在茶余饭后、田间地头、寒夜灯下作为谈说的话题、评论的英雄。

关羽在民间文学中，有一个完整的系统，也就是说，从他出生、征战到逝世，直至身后，每一个时期都有流传下来的神话、传说或故事，丰富多彩地表现着关羽人生历程中的方方面面。辑录部分于此。

一、青龙下凡

清代康熙年间刊印的《关圣帝君圣迹图志全集》卷之一中，有一幅"乌龙生圣"图，并附有文字解释说：

> 汉桓帝延熹三年庚子（160）六月二十四日，有乌龙见于村，旋绕于道远公之居，遂生圣帝。

民间传说：关羽就是青龙下凡托生的。

青龙原在天界，是玉皇大帝驾前的一尊神。因为解县地面百姓受妖魔蛊惑而惹恼了玉皇大帝，他便下令要在解县地面大旱三年，并要施放天火三天，烧掉解县地面生灵。这个决定是相当残酷的。青龙体察百姓疾苦，劝说玉皇大帝收回成命，玉皇大帝没有答应。青龙便私下凡间，变作一个老翁，想法救助百姓免此劫难。他在河东盐池边的一条路上，碰见一位青年妇女带着两个孩子，那妇女怀里抱着一个大孩子，手里拖着一个小孩子。小孩子走不动，一路哇哇直哭，妇人也不理，只是抱着大的走。这种反常情况，使青龙甚为不解，便上前去搭讪，问其情由。那妇人说："我怀里抱的不是我的亲生儿子，是我家兄嫂双亡后留下的骨血；小的是我的亲生儿子。对这个侄儿，我看得比亲生还重，要好好将他养大成人……"这一番话，使青龙十分感动。他觉得解县人很善良，玉皇大帝惩罚解县人的做法太过分。于是，青龙决心救助这一位善良妇女。他告诉那妇人，这里将要遭遇天火，要她在正月十五日到十七日的三天晚上，在自己家院里点起大火，可以避除天灾。青龙还私下里去请求东海龙王为解县地面布雨除旱。

那位妇女心地极为善良，她听了青龙的话便牢记心上。到了正月里，她不愿只顾自己一家免灾，便把这个消息告诉了左邻右舍。于是，消息很快传遍了城乡。因为大家都得到了这个消息，到了正月十五晚上，解县城乡家家点火、户户生烟，一连三个晚上，大火燃烧，烟云冲天。玉皇大帝还以为是施放了天火，在惩罚解县百姓。

青龙请东海龙王布雨除旱，又让下界施放烟火，救助了一方百姓。但是，后来玉皇大帝还是知道了真情。他十分恼怒，本该严惩青龙，但念他眷顾下界生灵才犯了天条，所以从轻发落，让他投生到解县一处人家。关羽出生的时候，有青龙出现，就是这个缘由。

从那个时候起，解县百姓每年到正月十五日，就要连续三天晚上施放烟火，也是对救助他们的青龙的一种怀念。久而久之，就成了这里的一种民俗。

二、捉蛇得剑

关羽小时候家里很穷，靠父亲卖豆腐过日子。他也时常帮父亲做豆腐，学会了做豆腐的好手艺。

关羽父母本来无力让他上学，只是他聪明好学，老人家不忍心误了他，便省吃俭用，送他去解县城里念书。

关羽每天上学，从来不和别的孩子同行，总是独来独往，抄小路，走近道。原来，关羽人小心大，他不只是一心学文，他还想习武。于是，除了上学堂念书外，他还拜一位老人为师学习武功。

每天放学后，他都要赶到中条山下的一个山坡上跟老人练习武功。由于他勤学苦练，力气一天天大起来，武功也一天天强起来。

有一天，关羽放学后，又放开大步去找老人练武。当他经过一个叫五里堆的地方时，忽然发现路当中盘着一条大蛇。关羽早先就听人说过，这里有一条毒蛇出没，经常伤人家畜。关羽心想，这必定是那条毒蛇了。他要除去这条毒蛇，使这里的百姓不再遭殃。关羽人小胆大，他大喝一声，便赤手空拳向毒蛇扑去。那条大蛇见了关羽，便有些害怕，一展身，便哧溜溜顺着草丛跑了。关羽紧追不舍，追呀，追呀……眼看就要追上了，忽然，前边出现了一口水井，那大蛇情急，便一头往井里插下去。关羽赶到井边时，正好大蛇的尾巴还露在井外，他伸手抓住大蛇的尾巴，使劲往上一拽，便把大蛇拽了上来。眨眼工夫，关羽愣了，他手里拽的那条大蛇竟然变成了一把带鞘的宝剑。

关羽得了一把宝剑，心里好生高兴！他试着想把剑从剑鞘里拔出来，但是，不管他用多大的劲，使多少的巧，那剑就是从鞘里拔不出来。关羽觉得十分奇怪，便把剑举到眼前细细地验看了一番，发现剑鞘上刻着一行字："遇济民之时，剑出。"

关羽这时才明白，这剑不是一把寻常的宝剑，它是轻易不出鞘的，要到需要的时候，它才会自己出来。可是，它什么时候才会出来呢？

关羽得了这把宝剑，十分喜爱，便把它带回家中，挂在墙上。每天早晚，关羽都要取下剑来，把玩一番。只是那剑总是不出鞘，关羽也没奈何。

突然有一天，那剑却自动从鞘里跳出来了，关羽惊喜万分。他举起宝剑，只见剑锋锐利，寒光四射。他知道，宝剑自动出鞘，必然是要他有所作为了。

三、杀熊出逃

《关圣帝君圣迹图志全集》里，记载有这样一个故事：

> 圣帝止旅舍，闻邻人哭甚哀。叩之，乃韩守义也。遭郡豪吕熊荼毒。吕党连七姓，黩猾事玎，蔑职纪。圣帝眦裂发竖，命守义导至七所，悉斩刘之。（《关圣帝君圣迹图志全集》卷之一）

原来，关羽那天回到家里，看见挂在墙上的宝剑自动出鞘，心里一动，便佩了宝剑，去到解县城。当时，天下大乱，汉王朝摇摇欲坠。他想见郡守，陈述自己对时局的看法，以图报效汉王朝。可是，郡守因为他是无名之辈，拒不接见。当晚，他住在旅舍里，便听到了韩守义的哭泣声。询问之后，关羽才知道韩守义的女儿被解县城里的一个恶霸吕熊强占蹂躏。

吕熊是个员外，家里很有钱。因为他勾结京宦官，又与当地七姓富豪结亲，故无恶不作，所以，人称"凶虎"员外。这个吕熊所做的坏事很多。别的不说，单就他霸占奸淫妇女的丑行来说，就令人切齿。解县城由于靠近运城盐池，地下水是咸的，人畜不能食用，仅有几口甜水井散落在城里各处，供人畜食用。吕熊是个色狼，为了满足他霸人妻女的目的，他叫手下的人将城里各处的甜水井都填塞了，仅剩下他自家院里的一口甜水井。因此，城里人要吃水，都得到他家院里来挑。吕熊便规定了一条：凡是来他家院里挑水的人家，有女人，不准男人来挑水；有青年妇女、妙龄姑娘，不准老妇老婆来挑水。年轻女子去吕熊家挑水，不是被调戏，就是被强行扣留奸宿。吕熊糟蹋的妇女不知有多少。因为他勾结官府，又有权有势，群众十分愤恨，也奈何他不得。

韩守义的女儿就是进吕家挑水，被吕熊霸占了，不让她出来。

关羽正是血气方刚的年华，他听了韩守义的哭诉，了解了吕熊的罪恶，便怒火中烧，眦裂发竖。关羽让韩守义连夜带路，指认出吕熊的家门，他便仗剑闯进吕家，杀了吕熊和他一家人，解救了韩守义的女儿和其他被霸占的妇女。关羽杀了吕熊一家还不解恨，想到与吕熊勾结的七姓恶霸不除，终究是百姓的祸害。于是，他又让韩守义带路，

——闯进这些恶霸之家，挥剑劈杀，斩草除根。关羽这次宝剑出鞘，开了杀戒，一下子就杀了吕熊和七姓恶霸一百零八口人，给解州老百姓除了大祸害。

关羽杀了这么多人，他知道这可是闯了大祸，非同小可，若是让官府抓住，那准是没命的了。他也不敢回家，便出了解县城西门，连夜逃往他乡去了。

四、指关为姓

关羽连夜逃出解县城，一路向黄河岸边的风陵渡方向奔去。

吕熊七姓恶霸一下子就被杀了那么多人，自然惊动了官府，县官便派出大批吏卒，四处搜捕关羽，有一路人马就尾随着关羽追捕而来。

关羽跑着跑着，不知过了多长时间，东方发亮，天色大明，忽然听到身后马蹄声声，喊声阵阵。他心里一惊：不好了，一定是官府追兵到了。他情急生智，便慌忙躲到路边的一座小桥下。到了桥下，关羽才发现有个老太婆正在桥下的小河里洗衣服。老太婆见他手提宝剑，浑身上下沾有血迹，面色又十分惊慌，便问道："客官，你这是怎么了？"

关羽是个诚实人，便不隐瞒，将在解县城里杀人的事一一说了，便道："眼看后边追兵到了，求老母救我！"

老太婆听了，只是一笑，便叫关羽脱下身上的衣服，在河水里漂了几下，拽了出来，抖了几抖，衣服就干了，血迹也没有了，又让他穿上。老太婆又挥掌朝他鼻子上拍了一下，登时打出许多鼻血来，顺势抓了一把，在他脸上抹了抹；还扯下了他几缕头发，粘在了他的嘴唇上，关羽顿时变成了红脸长髯汉子。

这时，追捕关羽的官兵已经来到桥上，他们看见一个老太婆和一个红脸长髯汉子在桥下，便没生疑心，只是问："可曾见一个白面青年小伙子从这里过去？"

老太婆回答说："过去多时了。"

官兵听了，喊了一声："快追！"便急忙向前追去。

关羽眼看着官兵去远了，心里一块石头落地，便回转身来，要叩谢那位搭救他脱险的老太婆。哪知道，洗衣老太婆已经无影无踪，不知啥时候离去了。

原来，老太婆是观世音大士化变的，特地来到这里，救他脱险。

关羽望空拜谢后，便上了路。没有几个时辰，他便来到了黄河边的风陵渡口。他搭船过了黄河，就到了潼关。潼关是个紧要的关隘，追捕他的官兵早已来到这里，一方面在关口张挂他的画像，让人辨识；一方面严密盘查行人，以防他混过关去。关羽看看自己的模样，已经不同于画像上的形影了，便壮着胆子走到关前。守关的兵卒仔细地将他打量了一番，又和那在关口上张挂的画像再三对照，便问："姓什么？"

关羽心里想：这可不能照实说给他。于是，便伸手一指关隘，脱口而出道："我姓关！"守关的兵卒又盘问了多时，问不出什么名堂，挑不出什么破绽；又看他模样和画像上要捉拿的人不同，就挥一挥手说："走吧！"

关羽暗暗舒了一口气，好不喜欢。他迈开双腿，大步流星地走过了潼关。

关羽原本不姓关，他到底姓什么？有人说他姓张，有人说他姓冯，又有人说他姓佗，还有人说他姓夏。他原本姓什么，这都无关紧要了。自他在潼关关前指关为姓后，他就一直以"关"为姓，扬名四海了。

关羽闯过了潼关，他想追兵不会赶来了，就来到黄河岸边，用手掬了河水洗脸上的血迹。洗呀，洗呀，黄河水本来是清清亮亮的，关羽洗来洗去，直把黄河水都洗得发浑了，他脸上的血迹都没有洗净，连嘴唇上粘的那些头发，也扯不下来了。从此，关羽就成了红脸长髯汉子。黄河的水也就从此变成浑的，再也没有变清过。

关羽在解县城里杀吕熊七姓，为民除害，时间是在汉灵帝光和二年（179）。这年，关羽十九岁。

五、桃园结义

关羽在故乡解县城杀人出逃，在各地流浪了数年，后来，来到了涿郡。刘备和张飞都是涿郡人。

刘备的出生地叫大树楼桑，张飞的出生地叫桃庄，也叫张飞店。

关羽那时节靠贩粮食糊口。有一天，他推着一小车绿豆，在路过张飞的村子桃庄时，看到张飞家门口的一个井上压着一块大石头，上边还写有一行字："单手举此石，猪肉你白吃。"

原来，张飞是个屠夫，靠杀猪卖肉为生。如果当天的肉卖不完，他就将剩下的肉吊在井里保存，井口用一块千斤重的大石块压着。在张飞的眼里，那千斤重的大石块是没有人能单手举得起的，谁想白吃他的猪肉，那是白日做梦。所以，他才敢写那么几个字。

关羽虽然流落在外，是个亡命之人，却也年轻气盛，好斗要强。他看了那一行字，便去到井边，伸出右手，用力一抓，就把那一块千斤重石举了起来，扔到了一边。随后，他就从井里吊起一扇猪肉，放到他推的小车上，进了涿郡城，去了水门沟粮食市场。

张飞从外边回来，听说了这事，便赶进涿郡城，在水门沟找到了关羽。张飞上前去抓关羽车上的绿豆，抓一把，碾碎一把。他是要找碴闹事。后来，两人就争吵起来，接着又打斗起来；两人在水门沟斗了个翻天覆地。正巧，刘备也来到了水门沟，他出面将关羽和张飞排解开来，人们说这是一龙分二虎。

关羽和张飞干仗，刘备插了一手，这三个人就相识了。刘备就请他们二人去街旁的一个小酒店喝酒，边喝边谈，越谈越对劲，三个人意气相投，就商量着要结为异姓兄弟。正好，小酒店后边有一个桃园，正是桃花盛开的时候，刘备、关羽和张飞在桃园里焚香叩头，结拜为兄弟。

结拜的时候，三个人都想当大哥。怎么办？当然应该按年龄大小排，谁知三个人报的年岁相同，生日也相同，没法子挑出个大小来，便只得按出生时辰分。张飞说他是天刚亮时出生的。关羽说他是公鸡叫头遍时出生的，刘备却说是鼓打三更时出生的；这样，刘备应该是老大，关羽老二，张飞老三。张飞和关羽不服，便说要比赛上树，以高低区分大小，谁上的最高谁就当老大。张飞最麻利，手脚并用，三下两下就攀上了树梢，喜得他在高处眉开眼笑；关羽只爬到了树的半截，就再也上不去了；而刘备却坐在树根下，纹丝不动。三个人一计较，张飞就嚷嚷着要当老大。刘备却不紧不慢地说："树是从根部往上长的，先有根才会有梢，我在根部，就应该为老大。"关羽和张飞一听就傻眼了。刘备说得在理。

但是，张飞还是不服气，提出赛力气，谁的力气大，谁就当老大哥。张飞认为自己力气大，赛力气他准能赢。刘备说："怎么个赛法？"张飞说："就赛扔鸡毛上房！"

张飞捡起一根鸡毛，使出了吃奶的力气，只扔了一人来高，怎么也扔不上房；关羽比张飞聪明，捏了几根鸡毛做一束往房上扔，也没有扔上去，只是扔得比张飞高那么一些；轮到刘备了，他抓了一只鸡，没费多大劲，就扔上了房顶。关羽和张飞不服气，说刘备扔的是鸡，不是鸡毛。刘备却哈哈大笑说："鸡都上房了，鸡毛能没上房？"两人一听，就又傻眼了。刘备说得还真在理。

刘备、关羽和张飞三个人斗心眼儿，斗来斗去，关羽和张飞就是斗不过刘备，总是让刘备占着先，他们就只好让刘备当老大。关羽呢，每次比斗的结果，都是不前不后，不上不下，就排了个老二。张飞只好做小兄弟，当老三。倒是这么挑定了兄弟位置以后，三个人就再也没有计较过，关羽和张飞始终尊敬他们的兄长刘备。

六、青龙宝刀

刘备、关羽和张飞在涿郡结义成为异姓兄弟，他们商量着要去投军，干一番事业。

三个人都会武功，投军去总要带一件趁手的兵器。张飞就请了铁匠来给他们打造兵器。

刘备喜欢使剑，就打了一把双股剑。

张飞喜欢用矛，就造了一支丈八点钢矛。

轮到关羽了，他却不说打造什么兵器，只用一根马尾，系了一个钥匙，用手抡了三百六十五圈，猛然间一松手，"嗖——"的一声，钥匙就飞向了半天空，直插云霄。霎时间，只见乌云翻滚，电闪雷鸣，一条青龙冉冉从天而降，缓缓地落到了地上。眨眼间，青龙不见了，地上却是一把锃亮耀眼的弯月大刀，刀面上有一条活灵活现的青龙。这把刀就是青龙偃月刀。据说，这刀重得很，有一千多斤。

从此，关羽就带着这把青龙偃月刀走南闯北，驰骋沙场。由于青龙偃月刀很重，关羽就找了两个关西大汉抬着。后来，大力士周仓归服他以后，就由周仓专门扛刀了。

关羽有一对丹凤眼，平时总是眯缝着，不全张开。只要他眼睛睁开，就意味着要杀人。周仓很机灵，每看到关羽睁眼，就立即将刀递给他。关羽使起青龙偃月刀来，既稳又狠，从不虚发。

七、马中赤兔

"人中吕布，马中赤兔。"吕布是当时一个人杰，赤兔马是当时征战沙场中的难得的一匹宝马。

这匹赤兔马浑身上下火炭一般赤红，没有半根杂毛。从头到尾，长有一丈；从蹄到顶，高达八尺。嘶鸣咆哮，有腾空入海之势。赤兔马能日行千里，夜走八百，涉水登山，如履平地。罗贯中在《三国演义》中写有一首诗专为赞美赤兔马：

奔走千里荡尘埃，渡水登山紫雾开。

掣断丝缰摇玉辔，火龙飞下九天来。

赤兔马原本是董卓的坐骑。董卓是陇西凉州的豪强，当过并州刺史、河东太守、并州牧。汉灵帝去世后，他奉大将军何进之召进都城，得以掌握朝中大权。董卓这个人很残忍、霸道，他主张废少帝立陈留王为皇帝，遭到荆州刺史丁原的坚决反对，两人发生了争执。董卓当时就想杀丁原，因为看见丁原身后站着一个气宇轩昂、威风凛凛的青年武将，他才没敢下手。

后来，董卓打听到丁原身后站的那个人名叫吕布，是丁原的义子。第二天，丁原和董卓交战，吕布冲锋陷阵，击败了董卓。这个吕布，虽然长得一表人才，能征善战，是一员骁将，却勇而无谋，而且是一个见利忘义之徒。董卓与丁原交战失败后，便差了虎贲中郎将李肃带了一千两黄金、数十颗明珠、一条玉带和赤兔马去收买吕布。那吕布见了这么多财物，果然动心，便杀了义父丁原，投靠了董卓，并认董卓为义父，为他卖命征杀。刘备、关羽、张飞三人曾在虎牢关前和吕布狠斗过一场，吕布一人敌不过这桃园结义三兄弟，败下阵来。

吕布跟着董卓没少为他出力。后来，司徒王允巧使连环计，用了一个美女貂蝉，挑引得吕布反目杀了董卓，除了一害。

自此以后，吕布就仗着兵势，横行无忌。但是，没有多久，他和老谋深算的曹操交兵，被他手下的一个部将侯成盗去赤兔马献给曹操；他自己也被部将宋宪、魏续捆缚，大开城门，迎了曹操。吕布在下邳城的白门楼毙命。从此，赤兔马就归了曹操。

关羽在下邳城之战时失利投降，随曹操去了许都。

曹操仰慕关羽的为人，待他十分恩厚，封侯赐爵，极为推崇，三日一小宴，五日一大宴；上马提金，下马提银；还赠给他丝绸锦缎、妙龄美女……曹操一心要使关羽把那个刘备忘了，死心塌地为自己卖命。

有一天，曹操又宴请关羽，席散之后，曹操送关羽走出相府，看见关羽的坐骑很瘦，便问道："你的马为什么这样的瘦？"

关羽说：“我的身体很沉重，这匹马承载不了，因此，把它累瘦了。”

曹操听了，便立即命人去牵出一匹马来，问关羽：“你认识这匹马不？”

关羽看看那马，体壮高大，火炭一般，便说：“这不是当年吕布骑的那匹赤兔马吗？”

曹操得意地笑了，说：“是的。”

关羽也喜不自禁地说：“真是一匹好马！”

曹操见关羽喜爱赤兔马，便立即将马缰辔递给他，说：“将军，这匹马就送给你了！”

关羽听了，便喜盈盈地施大礼拜谢道：“关某谢曹丞相！”

曹操很不高兴地说：“往日，我送了很多金帛、美女给你，你从来没有拜谢过。今天，我赠给一匹赤兔马，你就高兴地拜谢，你为什么把人看得那么贱，把牲畜看得那么重？”

关羽一边抚摸着赤兔马背，一边解释道：“我知道这赤兔马日行千里，夜走八百，是匹难得的宝马。今天，蒙丞相将此马赠给我，如果我知道了刘皇兄的下落，骑上赤兔马，也就能在一天之内赶去和他晤面了。”因为关羽和曹操有约在先，只要得知刘备的下落，不管在哪里，他都要去投奔。

曹操听了，好不懊悔。但是，马已送给关羽，他也无法食言收回。

关羽得了赤兔马，如虎添翼。他跨着这赤兔马，刀劈颜良，解了白马之围，回报了曹操的厚待。后来，他听说刘备在袁绍处，便告辞曹操，千里单骑，过关斩将，又追随了刘备。

　　关羽从此和赤兔马形影相随，南征北战达二十多年。关羽威震华夏，赤兔马也屡建功勋。到关羽败走麦城亡命之后，赤兔马被东吴部将马忠得到。赤兔马是很有灵性的，它怀念故主关羽，不肯供马忠骑坐，竟不食草料而死。

　　当阳玉泉山"汉云长显圣处"碑前有一眼泉水，传说，这是赤兔马怀念故主关羽，洒泪落地，化成泉水。那泉水从地下不断涌出来时，像颗颗珍珠（泪珠）一般，所以，人们就叫这泉水为珍珠泉。

　　到明神宗万历年间，赤兔马被封为"追风伯"。

八、收伏周仓

　　周仓是山西平陆西祁人。幼年时，他家里很贫穷，便靠从中条山北的河东盐池贩卖私盐为生。从平陆到河东盐池，隔着一架中条山，来来去去，走的是山间崎岖小道，日久天长，周仓练就了一双飞毛腿，行走如飞；一副铁肩膀，能挑千斤重担。周仓生长在黄河边，经常在黄河里戏水，所以，他又有逐波击浪的好水性。

　　周仓生活在社会的底层，吃尽了苦头。当张角领导的黄巾军起义以后，周仓也组织了一支农民起义队伍，投到黄巾军张宝手下，和东汉王朝的官兵对阵。与平陆县隔河

（黄河）有个黄巾寨，传说是当年周仓参加黄巾起义时驻扎过的地方。

后来，在东汉王朝统治者的残酷镇压下，黄巾起义失败，张宝阵亡；周仓就带领小部分弟兄，流落在山林间。后来，关羽从许都出来，千里走单骑，在卧牛山两人交了一仗，关羽虽然武艺高强，却也没沾着光，只是靠他巧使拖刀计，才将周仓打落马下。

关羽是个爱将的人。他眼见周仓生得虎背熊腰，面如墨梁，板肋虬髯，形貌伟岸，两臂有力，武艺高强，便有了爱慕之心。因此，他虽然将周仓打落马下，却并不伤害他。

周仓也是个好强的人，虽说被关羽打落马，却并不认输。因为他臂力过人，便声称要比试臂力。关羽笑笑，答应了。

关羽看见山坡上落着一只山鸡，便张弓搭箭，将山鸡射死，命令兵士取了回来，说："好汉，咱们比试掷鸡毛如何？谁掷得远谁胜！"

周仓想了想，说："行！"

周仓寻思，我的力气大，掷鸡毛，你保准要输。他随即从山鸡身上拔了一根毛，把吃奶的劲儿都使上了，才掷了三五步远。掷得这么近，他心里不服气，便嚷嚷道："这次不算，我再掷一次！"关羽见他憨厚得可爱，便笑着答应，让他再掷。周仓这次更是用力，可是，仍然只掷得三五步远。周仓只得自认晦气，让关羽掷。

关羽抓起山鸡，拽下一把鸡毛，用那长毛儿一扎，一扬手，就飞出去十多丈远。

周仓见了，便喊道："不算，不算！我掷的是一根鸡毛，你掷的是一捆鸡毛……"

关羽说："一捆鸡毛也是鸡毛呀！"

周仓没说的了，便认了输。

关羽更加喜欢周仓了，便说："你武艺高强，臂力过人，在这荒山野岭间为王有什么意思？何不走出山寨，跟我关某去闯荡天下，做出些安邦报国的大事来，也不虚此一生！"

周仓早闻关羽其名，敬慕其人，只是无缘得见。如今到了眼前，果然仪表不凡，谈吐不俗，心里早就折服。听他说了，便当即应允："我周仓就此跟随关将军，鞍前马后，拼死效力，永不变心！"

从此，周仓就跟定了关羽，给他扛那千斤重的青龙偃月刀。关羽骑着千里赤兔马，驰驱如飞；周仓一双飞毛腿，紧随其后马行人走，马停人到，从来没误过事。

周仓为啥能跑得那么快？据说，周仓腿上长有三根毛，靠着这三根毛，他才能健步如飞，紧紧追上那日行千里的赤兔马。

周仓跟着关羽，南征北战，功绩不小。别的不说了，单就拿关羽征战樊城、水淹七军那一仗来说，周仓就立了大功。那时节，曹操的大将庞德驾了一条船向樊城逃去，周仓驾着一条大船从上游急驶而下，迎面将庞德那一条小船撞翻，庞德落入水中。周仓见了，纵身跃入江水中，将庞德生擒上岸，押到了关羽帐前。庞德死不投降，关羽就将他杀了。

东吴孙权、吕蒙一心算计关羽，想从他手中夺回荆州。吕蒙知道周仓是关羽的得力助手，为他扛大刀，人称飞毛腿，便想先把周仓废了。

吕蒙找了个山西人，和周仓是老乡，叫他去坏周仓的飞毛腿。

那个山西人带了些美酒给周仓，两人边喝边聊天。那山西人骗周仓说："你这个飞毛腿，本来能够跑得更快，超过赤兔马，只是你腿上那三根毛碍事，才跑不快。"

周仓是个实在人，又喝多了酒，醉意蒙眬，便信了那个山西老乡的鬼话，取来剃刀，将腿上的三根毛割了。周仓原本想割了三根毛就能跑得更快，哪知道，打那以后，他便再也跑不快，追不上赤兔马了，直到这时，周仓才知道自己上了当，有苦难言。

但是，周仓也是粗中有细的人。他想：跑是跑不快了，能不能想个别的什么法子，赶上赤兔马？想呀想，终于想出个法子，那就是抄近路，走小道；当赤兔马驮着关羽奔大道去时，他就走小道，抄近路；所以，赤兔马到哪里，周仓就能赶到哪里，不误关羽的事。

关羽败走麦城时，周仓奉命死守麦城，以便关羽冲出东吴重围，去往西川。后来，关羽兵败被杀，周仓困守麦城，孤立无援，也就只能自杀身亡。

由于周仓是关羽的爱将，生前总是追随他鞍前马后，功绩卓著，所以，待到关羽死后封神，许多地方建庙祀奠，周仓在关王庙里也总占有一席之位，还是给关羽扛那青龙偃月刀。

明神宗万历年间，封周仓为武烈侯。

九、画风雨竹

传说，关羽在解县城杀人出逃后，他的妻子胡玥带着儿子关平逃到中条山的一个小山沟里躲藏起来。官兵曾到这里搜查过。但是，每逢官兵来这里搜查时，山沟里就会阴云密布，狂风大作，飞沙走石，雷鸣电闪，暴雨骤至。官兵因而进不得沟。还有人看见，每当夜里，沟口有五位金甲神护卫，据说那金甲神是天上的五条龙。那地方就叫五龙峪。

胡玥从小跟随她父亲学过医道。她在这里落脚后，常到中条山上去采集草药，为老百姓治病，当地人称她为娘娘。

关平晓事以后，胡氏就让他识字学文，还让他练武。中条山的后山洼里有一块平地，就是关平练武的地方，当地老百姓叫它关公坪。

日久天长，关平不但学业有长进，还练就了一身好武艺。

关羽在外边闯荡多年，声名显赫。胡氏听说后，就想叫儿子关平去投奔他父亲关羽，征战沙场，也取得个前程。

胡氏打发关平上路的时候，思忖再三。她既没有书写片纸只字，也没有嘱咐什么话让儿子转告丈夫，只是在山里摘了些杏梅，又折了两枝竹枝，叫关平带给他的父亲关羽。

关羽看到儿子关平长大成人，识文会武，非常高兴，又看到妻子胡氏带给他的杏梅、竹枝，便明白了妻子的一番心意：青梅竹马结连理，忠贞不渝情意长。那关羽也是个多情的人。多年在外奔波，如今得悉妻子依然深深地恋念着他，便不由得思绪万千。

睹物生情，关羽便挥毫泼墨，绘出了风雨竹画。他在画中，利用竹叶，错综成文，组成了五言古诗二首。

一首是风竹诗：

> 不谢东君意，丹青独立名。
> 莫嫌孤叶淡，终久不凋零。

另一首是雨竹诗：

> 大业修不然，鼎足势如许。
> 英雄泪难禁，点点枝头雨。

在这两首诗里，关羽既表达了他对妻子的儿女情感，也抒发了他着意功名事业的胸怀。

传说，关羽在当阳遇害以后，胡氏还活着，直到八十六岁时才去世。胡氏归天时，正是三月三，春暖花开的时节。当地老百姓为了纪念她，就在她带儿子关平避难的地方修了一座娘娘庙，还修了一座五龙庙。每年到了三月三，那里就要举行盛大的娘娘庙会。娘娘庙会上主要交易的物资是山里的药材，所以，娘娘庙会也叫药材会。

十、荆州教子

关羽有两个儿子，长子关平，次子关兴。关羽镇守荆州时，两个儿子都跟随在身边，每日里都教他们习文学武。

当阳县王店境内有个黑土坡，这个黑土坡，就是关羽教关平练字的地方。

每天，关平遵照父命在黑土坡上练字，他练完字后，就将洗笔的墨水，从坡下往坡上泼。关平练字练得很认真，从不间断。由于他天天练字，天天往坡上泼墨水，日久天长，那座坡上的土竟被墨水染黑了，所以，才得名黑土坡。

关平勤学苦练，不仅提高了武艺，而且，书法也很有长进。关羽心里很高兴，就挥毫给关平写了十二个篆字：读好书，说好话，行好事，作好人。

关羽的意思很明白，希望自己的儿子能照着这十二个字修身养性，处世为人。

当阳县城南十五公里的地方，有一个山丘，人称跑马岗。关羽曾在这里教关平骑马。由于他们经常在这里练骑，马蹄把山丘上的野草都踩踏坏了。直到如今，跑马岗还是光秃秃的一个山丘，寸草不生。

在当阳、远安县交界处，还有一个山坡叫关兴坡，关羽曾在这里教关兴学骑练武。关兴在关羽的调教下，也成了一名武艺高强的将军。

十一、魂归玉泉

关羽在麦城失败遇害后，魂魄不散，悠悠荡荡，来到了当阳玉泉山。山上有位老和尚，法号叫普净。他原本是汜水关镇寺的长老，后来，云游天下，来到这里，因为看到这里山清水秀，是个修炼的好处所，就结草为庵，每天打坐参禅。

这天晚上，月明风清，过了三更时分，普净正在草庵中静坐，忽然听到半空中有人大声呼叫："还我头来！还我头来！"

普净走出草庵，抬头仰望，只见在空中呼喊的那个人骑着赤兔马，手握青龙偃月刀，虽然没了项上的头，也知道他是关羽；又见他的儿子关平、部将周仓紧随左右。普净便将手中拂尘一扬，叫道："云长何在？"

关羽听人唤他，便下马来到草庵前，问道："师傅，您是何人，怎知道云长？愿知道您的法号！"

普净说："老僧是普净，从前在汜水关镇国寺中，咱们见过面的，您忘记了吗？"

关羽这才想起，当年他出了许都，千里走单骑，在汜水关镇国寺下榻。汜水关守将卞喜在寺里埋伏下刀斧手二百余人，想暗算关羽。幸得普净和尚示意搭救，才得脱险。

关羽说："前次蒙您搭救，我一直铭记在心，没有忘记。今天，关某遇害身亡，心中不平，请大师指点迷津。"

普净说："过去的、现在的一切是非，都不必提起了。前因后果也不要再说了。关将军现在为吕蒙所害，就大呼'还我头来'！可是，将军您想过吗？那颜良、文丑，以及五关被杀的六将，又该向谁去索要他们的头？"

关羽听了普净这番话，恍然大悟，便一迭声地说："是了，是了！"于是，他稽首皈依了佛门，魂归玉泉。当地人就在玉泉山为他建了庙宇，四时致祭。后人在庙前写了一副对联：

赤面秉赤心，骑赤兔追风，驰驱时，无忘赤带；

青灯观青史，仗青龙偃月，隐微处，不愧青天。

十二、征战蚩尤

宋朝大中祥符年间，有一年夏天，正是河东盐池生产的旺季，可是，盐池却阴风森森，天昏地暗，颗盐不生。管理盐池的官吏十分焦急，就到处烧香拜神，祈祝祷告。有一天晚上，他在睡梦中见一个青面獠牙的怪物，厉声说："我是蚩尤，天帝让我管理盐池，产不产盐，得遂我的意！"盐官醒来，吓得一身冷汗。他知道非同小可，盐池产不下盐，误了朝廷的财政收入，那可要掉脑袋。他立即报告给皇帝。宋帝听了这个消息，也十分发愁。他差人找来护国张天师，叫他想个办法对付蚩尤。

张天师说:"蚩尤神通广大。当年,他和轩辕黄帝大战时被杀死,血流入盐池化为卤水,让万世人食用。如今,他是个精灵,法力很大,我也无法制服他。"

宋帝听了,越发焦急不安。

张天师想了想说:"三国时的关羽,是河东解县常平人,他升天后被封为伏魔大帝。要想降伏蚩尤,皇上可以摆设香案,祈告关帝为乡里除害。倘若关帝慈悲,就有指望了。"

宋帝就立即命令人摆设香案,亲行大礼,祈告关帝下凡除魔。

第二天,河东盐池上空,乌云翻滚,雷鸣电闪,战马嘶鸣,金戈铿锵,好像有千军万马在对阵厮杀。

原来,伏魔大帝关羽应了宋帝的请求,带领天兵天将,来到河东盐池讨伐蚩尤,两家兵马就在半空中杀将起来。

蚩尤魔高胆大,变化多端,手下的妖魔鬼怪也多;而关羽带来的天兵天将却很少。两家兵马对阵多时,只杀得天昏地暗,眼看着关羽就要败阵,这时,关羽睁开龙凤眼往下界一看,只见田地里有许多农民在歇晌午,他就随即作了一道法,借了这些农民的魂,暂充他的兵,说准午时三刻归还魂灵。这些生力军一参战,蚩尤就招架不住了。蚩尤也随即作法,让他的妖兵鬼将,都变成和关羽统领的天兵天将一样的装束,想浑水摸鱼。关羽识破了他的阴谋,立即吩咐自家兵将都采一片皂角叶佩戴在身上,做个标记。蚩尤见了,也命妖兵鬼将采树叶佩戴。怎知道,他们采的是槐树叶。又战了一时三刻，槐树叶经不住日头晒，都蔫了。而关羽的天兵天将戴的皂角树叶依然葱绿如新。关羽随即下令，只杀那些戴槐树叶的。不大工夫，蚩尤的妖兵鬼将就败下阵来，纷纷被杀。蚩尤见势不好，心里发慌，正想作法逃脱，关羽策马赶到，飞起一刀，将蚩尤劈为两截。蚩尤的血又滚滚流入盐池，化作了卤水。蚩尤的尸骨被收埋在中条山下的蚩尤村。蚩尤村也叫池牛村，后来又改名从善村，有改恶从善的意思。

关羽除了蚩尤，随即将借来参战的农人的魂送到下界去复生。哪知道，由于一场恶战，早已过了午时三刻，农人的身躯因天气炎热，已经腐烂了。他们再也无法还魂复生，只好把尸体埋了。那个地方叫原王庄（冤枉庄），含有"冤枉"的意思。

事后，关羽觉着很对不住原王庄的村民，就请宋帝减免了原王庄村民的课税，还将他从小学会的做豆腐手艺传授给原王庄村民。至今，原王庄人做的豆腐最好吃，四邻五乡都比不上。

蚩尤精灵被伏魔大帝关羽杀死，河东盐池的生产又恢复了正常。因为有这一段传说，后世，盐池的盐号都十分敬重关羽，奉祀他的神位，逢年过节都要郑重祭奠。但是，在河东盐池附近的蚩尤村和原王庄，却从来不敬关羽，就是剧团来到这里，所有的"关公戏"都不能演出。

从以上这些民间口头文学中，可以看出，关羽是以人、圣、神等不同的角色出现的，反映在不同的历史时期，社会对他的认识与评价，总的趋向是肯定与崇敬的。民间口头文学中的关羽形象，在普通老百姓中间影响是广泛而且深刻的。在某种程度上说，群众自己创作并予以传播的关羽形象，更贴近生活，更加受到群众的喜爱。

第七章

走向神坛

关羽生前虽然曾经创立过"威震华夏"的功业，是三国时期一位赫赫有名的战将，位列刘备的五虎上将之首。但是，他毕竟还只是一个普通"人"，位不过是将军，封不过是列侯。待到他去世以后，却逐渐被神化，由侯而王，由圣而帝，成为一位"殁有神威镇九天，万古寰区皆庙祀""封王祀典乾坤久，信史功名日月高"的、具有无上权威的"神灵"，达到登峰造极的地步。他与孔子被尊为"文武二圣"。"文圣"孔子在中国历史上影响很大，但是，与"武圣"关羽比较起来，他在群众中影响的深广程度，还是比不上关羽。孔子还没有能够达到"妇孺皆称"的程度。

关羽的走向神坛，有众多的原因。

○
○

历朝封谥

在关羽从人到神的过程中，历代封建统治阶级的倍加尊崇、累累封谥，是"功不可没"的。

关羽最初追随刘备，只不过是一个马弓手，后来成为统领部曲的别部司马，职位也极低。

汉献帝建安四年（199）刘备被拜为左将军，关羽和张飞均被授为中郎将。后来，刘备、关羽、张飞又从许都出走，拥有徐州，关羽暂摄下邳太守职务。

建安五年（200），曹操东征徐州，刘备兵败逃走。关羽被俘投降，随曹操去到许都，被拜为偏将军。当年，由于关羽解白马之围有功，被表封为"汉寿亭侯"。"亭侯"是一个爵位不高的封号，但对关羽来说，却是一种难得的荣誉。拜将封侯是曹操笼络关羽的一种手段，他想通过这种办法，引关羽为己用。对此，关羽并不十分领情。他认为自己是做汉朝的将军，得到的是汉朝皇帝的封赐，他心中念念的只是汉王朝。

建安十四年（209），刘备以关羽为荡寇将军，襄阳太守。

建安二十四年（219），汉中王刘备拜关羽为前将军。这年十二月，关羽遇害。

关羽生前的职位仅为将军，封号也仅为汉寿亭侯。但是，在他死后，对他的封谥却纷至沓来，不断抬高他的地位。

最初的封谥是在蜀汉景耀三年（260），后主刘禅追谥关羽为壮缪侯。这是在关羽去世四十一年之后。与关羽同时被追谥的还有张飞、马超、黄忠、庞统以及赵云。

在北宋时期，宋徽宗于崇宁元年（1102）追封关羽为忠惠公。

崇宁三年（1104），宋徽宗又封关羽为崇宁真君。宋徽宗赵佶笃信道教，自称是上帝元子太霄帝君下凡，因此自命为教主道君皇帝。他在京都开封和许多大城市都修建了众多道教的宫观，还设立了道官二十六等，与政府官员一样领取俸禄。赵佶封关羽为崇宁真君，是根据他的需要，有意将关羽和神权、道教合为一体，为他的统治服务。

宋徽宗在位期间，对关羽还有过两次封谥。即大观二年（1108）封关羽为昭烈武安王；宣和五年（1123）再封关羽为义勇武安王。

偏安江南的南宋皇帝，尽管苟且偷生，醉生梦死，但是，仍像前朝皇帝一样，对关羽倍加眷顾。

宋高宗于建炎二年（1128）三月十五日，封关羽为壮缪义勇武安王。

宋孝宗于淳熙十四年（1187）十一月二十一日，封关羽为壮缪义勇武安英济王。

蒙古族建立的元代政权，对佛教很尊崇，也重视关羽。元世祖忽必烈以关羽为监坛。这是继宋徽宗将关羽与神权、道教合为一体之后，将关羽与神权、佛教合为一体。关羽再次被视为佛教的神灵。在此之前，早在隋代开国之初，关羽便被智𫖮引进佛坛，在玉泉山成为佛门伽蓝守护神。

元文宗于天历元年（1328），封关羽为显灵义勇武安英济王。

明太祖朱元璋于洪武元年（1368），又恢复称关羽为"寿亭侯"。由于这个皇帝与官员的无知，不知"汉寿"为地名，"亭侯"是爵号，竟称关羽为"寿亭侯"，开了关羽一个玩笑。到明世宗嘉靖十七年（1538）才又订正为汉寿亭侯。

明武宗正德四年（1509），赐关庙曰忠武庙。

明神宗万历十年（1582），封关羽为协天大帝。

明万历十八年（1590），封关羽为协天护国忠义帝。

明万历二十二年（1594）应道士张通元的请求，进关羽爵位为帝，赐关庙曰英烈庙。

明万历四十二年（1614）十月十日，封关羽为三界伏魔大帝神威远震天尊关圣帝君。同时封关羽夫人为九灵懿德武肃英皇后，长子关平为竭忠王，次子关兴为显忠王，长期追随关羽的部将周仓为威灵惠勇公。

明代将关羽的封谥提高到一个新的地位：帝。由在世的皇帝封谥故去的人臣为帝，实在是荒唐可笑的。然而，由于是皇帝的"金口玉言"，且对关羽本人没有任何损害，只会增加他头上耀眼的光环，所以，世人还是接受了。

到清代，满族统治者对关羽的封谥，比之前代，有增无减。

清世祖顺治九年（1652），封关羽为忠义神武关圣大帝。

据《清文献通考》卷一百零五记载，清世宗雍正三年（1725），封关羽祖辈三代，曾祖为光昭公，祖为裕昌公，父为成忠公。而且规定在关羽祖辈的供奉牌位上"仅书爵号，不著名氏"。因为，关羽祖辈的名讳一直不清楚，直到卢湛在康熙三十二年（1693）编撰的《关圣帝君圣迹图志全集》收录王朱旦在康熙十七年（1678）撰写的《汉前将军壮缪侯关圣帝君祀墓碑记》的文章，才出现了关羽父祖三人的名讳，因"与正史不合，尊崇正神，理宜详慎"。这就是说，清王朝也怀疑卢湛志书中关羽父祖名讳的真实性，所以，采取慎重态度，不予署名，只写爵号。

同年，授关羽在河南洛阳的后裔为世袭五经博士。

清世宗雍正四年（1726），依照洛阳先例，授关羽在山西解州后裔世袭五经博士。

清世宗雍正十年（1732），又授湖北当阳关羽后裔世袭五经博士。

清高宗乾隆二十五年（1760），改关羽原谥壮缪侯为神勇侯。

清高宗乾隆三十三年（1768），封关羽为忠义神武灵佑关圣大帝。

清高宗乾隆四十一年（1776），又改乾隆二十五年（1760）谥关羽的神勇侯为忠义侯。

清仁宗嘉庆十九年（1814），封关羽为忠义神武灵佑仁勇关圣大帝。

清宣宗道光八年（1828），封关羽为忠义神武灵佑仁勇威显关圣大帝。

清文宗咸丰四年（1854），封关羽为忠义神武灵佑仁勇威显护国保民关圣大帝。

清文宗咸丰五年（1855），又加封关羽三代祖辈为王，曾祖光昭王、祖裕昌王、父成忠王。清文宗又加封关羽为忠义神武灵佑仁勇威显护国保民精诚绥靖关圣大帝。

清穆宗同治九年（1870），封关羽为忠义神武灵佑仁勇威显护国保民精诚绥靖翊赞关圣大帝。

清德宗光绪五年（1879），封关羽为忠义神武灵佑仁勇威显护国保民精诚绥靖翊赞宣德关圣大帝。

由于清代皇帝屡次加封，有清一代关羽的封号长达二十六字，采用了众多美好的文辞，超过了前代任何王朝。

窃国大盗袁世凯一心想当皇帝，他对关羽也极为推崇，1914年曾下令将关羽和岳飞同祀于武庙。

关羽生前是绝不会想到他身后会得到这样的荣耀，历代皇帝会给他这样美好、崇高的封谥，集神权、儒教、道教和佛教的尊位于一身。

封建统治集团为什么要对关羽这般敬重呢？分析其原因，概要有三：

首先，以关羽心怀忠义始终不二事奉刘备作为典范，作为偶像，要求他们的臣民能够忠诚、顺服于皇帝，从而巩固封建王朝的统治。因为统治封建王朝的皇帝尽管自命不凡，居于人世间至高无上的地位，但是，他们也很明白，如果没有忠于自己的天下臣民的拥戴，他们的地位是不能巩固的。正如唐太宗李世民所说："君，舟也；人，水也。水能载舟，亦能覆舟。"君民的关系既然若此，所以，他们就要给自己的臣民树立一个"忠义"的榜样，而关羽正是能够成为这一榜样的理想人物，借他的声名、形象，可以起到教化广大臣民的积极作用，达到将封建统治王朝建立在一个由忠诚臣民拥戴的较为巩固的基础上，以使江山永固。

其次，以关羽为幌子，利用他的声名、形象，解决少数民族统治政权与汉民族的民族矛盾。这在元代建立的蒙古族政权和清代建立的满族政权最为明显。这些少数民族入主中原，建立了他们的统治政权之后，总是被人口众多的汉族视为异族入主中国，存在着潜在的不满、反抗情绪，这对统治者无疑是很大的威胁，使他们很不安。为了解决这种民族矛盾，由统治者树立一个汉人的形象，有利于缓解汉族对少数民族统治政权的对立情绪。满族入关前，清世祖爱新觉罗·福临就行"桃园三结义"之举，与蒙古族的可汗约为兄弟，他自居刘先主；蒙古可汗作为二弟，如同关羽事奉刘备一样。在满族首领与蒙古族首领之间，也建立起这种形同君臣、亲如兄弟的关系，蒙古可汗臣奉于满族首领。入关前，满族还在各地建立关庙，供奉关羽的神像、神主。进关以后，清朝历代皇帝都对关羽大加封谥，而且，在宫廷里供奉着关羽神位，岁时崇祀。清圣祖爱新觉罗·玄烨更编造了一个"神话"，称他是刘备转世，而且和关羽有过"接触"。据说，有一天他正要去临朝议事，行走间，忽听身后有脚步声，便问："身后何人？"回答说："二弟关羽。"他又问："三弟何在？"回答说："镇守辽阳。"他编造这样的"神话"，无疑是要说明：我是刘备转世，前世也是汉人。二弟关羽时刻追随在我身旁，三弟张飞在为我扼守边防重镇，这大清一统江山，有我们齐心合力，会永远太平的。当然不仅如此，康熙皇帝传播这个"神话"，还在于要在他的臣民中，引起一种"忠义"的心理效应，消除反满的民族对抗情绪，让他们像关羽那样，尽忠尽义，竭忠输诚于统治者，勇武地为统治者、为维护大清政权而献身。

第三，以关羽为神灵，祈安求福。封建王朝的皇帝，无论他们怎样自命不凡，说什么是"真命天子""黄龙下凡"等等，而在心理上是很不踏实的，他们除了采取众多行政、军事统治手段以维护其统治地位以外，在精神上，则祈望上天的神灵能够佑护他们。宋代皇帝尊崇道教，封关羽为"真君"，元代皇帝崇信佛教而封关羽为"监坛"，无疑是这样一种精神需要的反映。他们认为只要有神灵护佑，就可以保国安民，江山永固。当然，封建统治者对关羽的这种利用，不仅仅限于自我心理的依恃，他们还要利用这个神灵去欺骗、恫吓那些敢于向封建王权统治挑战的反抗者。清朝嘉庆年间清政府出师镇压北方的天理教起义，咸丰年间两广总督叶名琛镇压广东天地会起义，都曾搬出关羽来，声称他们对起义群众的血腥屠杀，得到了关圣大帝的暗中帮助。这无疑是向造反的群众昭示：你们的行为连关圣大帝都反对，你们受到镇压是罪有应得。从而，在心理上威吓起义群众。

封建统治阶级就是以这样的意旨，将一个历史人物关羽，逐步推崇到一个至高无上的神的地位。与儒教、佛教、道教相表里，使关羽从人变成了神，走上了神坛，在一个数百年的漫长历史过程中受到崇奉，经久不衰。

当然，如果关羽仅仅是得到各个教派和封建统治阶级

山西省运城市解州关帝庙御书楼

的推崇，他也未必能够这样持久下来。应该看到，关羽从
人到神的过程中，还有另一方面的因素，即人民群众的尊
崇作用。

○
○

关庙遍天下

在中国，供奉孔子的文宣王庙是很多的，在各个城邑
都有这类建筑。由于关羽从人演化成了神，供奉他的神庙
亦遍布天下，京都大邑，边远小城，荒村山野，随处可见。
《关圣帝君圣迹图志全集》卷之四中云：

长河之北，大江之南，陋之而偏州，迁之而僻县，枵（xiāo，空虚）然数十家之聚，辄裒（póu，聚集）金券地，畚土伐木，宁鹑（chún，鹑衣，破旧的衣服）衣百结，不敢虚朦于云长之祀事，宁蜗涎一角，不敢乏牲酒于云长之宙宫。

人们节衣缩食，也要把敬奉关帝的事办好。因此，武圣关羽祠庙建筑之多，远远超过了文圣孔庙，而且，有些地方关庙的建筑规模，也超过了当地的孔庙。

在中国内地，到底有多少关庙？现在很难见到精确的统计数字。但就笔者所知，关庙不仅遍布汉族居住地区，而且在边远的少数民族居住地区也建有关庙。

最早的关庙建造在何处？有两种传说。

一种传说是，关羽被害后，蜀汉皇帝刘备为了给他报仇，便亲率大军东征孙权。他在进军途中，曾经亲自到当阳关羽丧命之地拜祭，并在当阳玉泉山为关羽建造了武烈庙。现在，这个武烈庙已经不存在。

另一种传说是，刘备在白帝城亡故后，诸葛亮辅佐阿斗做蜀汉皇帝，他曾南征孟获，在此期间，他于夷族之乡，即现今的云南省，建造了关庙。现代人李纯君先生有一篇文章谈到了这个传说，并且说，至抗日战争时期，关庙依然矗立在当地。

据1961年香港版《关圣帝君圣迹图志全集》（增集）：

李纯君有《孔明建关庙于孟获乡》一文，刊于

1961年《龙冈秋季刊》二九页。略谓：据传孔明于三擒孟获时，使赵云、魏延与孟氏族人最有力之孟龙、孟虎较重武器；为赵、魏胜之。孔明反置酒为之压惊，并令其导往黑泉，知有毒，令封闭之，而在黑泉上面建关侯庙。庙塑关公父子及周仓三泥像，并定以永昌县（今属云南省）县宰为主祭官，拨大量公田为庙产。并将关侯一生大事，勒石为碑以示边民。该庙自汉至今犹嶄然矗立于原地，庙貌庄严如故，盖历代帝王均有重修也。战时，我远征军赴缅甸配合盟军作战，道出保山县（今属云南省。汉时的永昌旧址即在保山县），经过金锟村及诸葛营各地，得瞻此一间最古老之关侯庙。

当年，诸葛亮在"三擒孟获"（《三国演义》写为"七擒孟获"）的少数民族地区建立关侯庙，大概是想以关大将军的神威震慑"蛮主"，并以他的忠义精神教化夷族，以达到使这些少数民族永远臣服于蜀汉的目的，符合诸葛亮在《隆中对》中提出的"南抚夷越"的战略思想。

诸葛亮在少数民族地区建立关庙，正史没有记载。但是，从上述文章的介绍来看，极可能是事实。因为，关羽生前没有到过那个地方，只有诸葛亮带兵去征战过。那里也有诸葛亮祠，可能是少数民族或后人建筑以纪念他。在诸葛亮征讨孟获后，要挑一个蜀国大将"震慑"夷族，关羽是最理想的人选。当时关羽已过世，比其他大将名望都高，为他建祠是可能的。而且，当地有关庙是事实。明代著名旅行家徐霞客（1586—1641）曾到云南永昌一带游历过，在他写的《滇游日记》（卷七、卷八）中曾多处提到关庙：

> 梁之南，居庐亦盛，有关帝庙东南向，是为大屯。
> 复上西崖，其南一峰高耸，凭空捎瀑，是为龙光台，上建关帝殿。回盼久之，复下西崖。

在此书卷十、卷十一中，徐霞客还多次提到诸葛亮：

> 其西宝盖山穹立甚高，东下而度一脊，其南北甚狭，度而东，铺为平顶，即太保之顶也……旧武侯祠在诸葛营，今移于此顶。
> 五里，过神济桥。其南居庐连亘，是为诸葛营，诸葛之祠在焉。

这一方面足以说明，在明代或明代以前，那里的关庙就已经有了，而且不止一处；说它始建于诸葛亮的时代，也有可能。另一方面也说明，在抗日战争时期，我国远征军途经这里出国时曾看到过关庙和诸葛营遗址，不是虚妄之说。如果刘备在世时在玉泉山为关羽建武烈庙，或者诸葛亮在世时于此"夷乡"建立关庙之说能够成立，那么，这两地的关庙就是我国最早的关庙建筑了，比隋代在湖北当阳玉泉山建筑的关庙要早三个多世纪。

　　还有一个传说，关羽在生前镇守荆州时，由于声名卓著，受到当地人士的敬重，因此，曾为他建立了生祠，并塑了像。1932年在广州一家报纸上曾刊载过一张关羽塑像照片。据照片提供人说，照片中的塑像，就是荆州关羽生祠中的塑像。但是，由于没有其他任何记载和实物（遗址）佐证，笔者1993年在荆州实地考察时也就关羽生祠一事进行过一些调查，却不得要领，这一说法的可靠性是值得怀疑的。

　　自宋、元以后，全国各地关庙就多起来了，明、清两代就更多了。

　　在中国的边远地区如西藏的雪域、新疆的大漠、黑龙江畔的边村，都建有关庙。其他如香港、澳门，也都建有关庙。在台湾，关庙建筑尤为普遍。据说，台湾有关方面有个统计数字，岛内关庙有五六百处之多。小小的台湾岛内有这么多关庙，密度是很高的。而且，当地关庙里的香火很盛，祭祀活动也很隆重、热闹。台湾人对海上保护神妈祖很崇拜，但是，对关羽的崇拜远远超过了妈祖。他们现在这样重视祭祀关羽，除了传统文化心理作用以外，恐怕还有对大陆故土怀念、思归的心绪在内。

　　在国外，东南亚一些国家如越南、马来西亚、缅甸、印度尼西亚、泰国，都有关庙建筑。甚至在澳大利亚和美国，也建造有关庙，关羽在那里也受到崇奉。与我国"一衣带水"的日本横滨、神户、长崎、大阪、函馆等地，也建有关庙。日本岛内建关庙，在清代就有记叙，据《解梁关帝志》卷之一记载：

> 帝庙遍天下，虽海外亦然。日本国所建庙在五岛乃路。

笔者还曾看到新闻媒介报道的消息，前些年日本曾新建了一处富丽堂皇的关庙，据称是海外建筑规模最大的关庙。如果说，在东南亚各国兴建关庙，与在那里侨居的众多华人有关的话，那么在日本、澳大利亚、美国建立关庙，关羽在那里亦享有盛名，那就是另一番原因了。除与华侨聚居、信仰有关外，还恐怕与关羽所代表的东方文化道德精神有关系。在日本，这些年来出现了一股"三国热"，许多人对《三国演义》很有兴趣。除了在文学艺术方面进行探讨之外，还从经济管理的角度，将《三国演义》中所渲染的"忠义"精神引进现代企业管理，用"忠诚"作为凝聚职工的向心力。这种"忠义""忠诚"精神在关羽这一历史人物和文学艺术典型形象身上得到了十分充足的表现，这是很值得研究的关羽文化现象。

在国内所有的关庙建筑中，建于山西省运城市解州镇的关庙规模最大、最为宏伟，堪称天下第一关庙、武庙之冠。

解州关帝庙位于运城市解州镇西关，南面中条山，背负硝地滩（即古代之女盐池），东北是古老的河东盐池。占地面积达22万平方米，有房屋200余间。

解州关帝庙的创建时间，有几种不同的说法：

一是创建于陈、隋时期，没有确切年代。

二是创建于隋文帝开皇九年（589）。

三是创建于宋真宗大中祥符年间（1008—1016）。

笔者认为，解州关庙创建于隋代是可能的。因为，在南朝陈霸先建国后，后来的皇帝崇拜佛教，对当时的高僧智颛很器重。而智颛后来又得到晋王杨广，即后来登上帝位的隋炀帝的崇敬，被封为智者，是为智者大师。智颛在玉泉寺以关羽为佛院寺守护神。有了这一层因缘关系，解州关庙在隋代创建是很有可能的。宋代只不过是大规模地进行了扩建工程。

解州关庙建成之后，由于战乱、地震、火灾等原因，曾多次受到严重损坏而又多次进行重建、扩建，历经宋、元、明、清以及民国时期，重修、扩建工程达三十余次，终于形成了现在的规模。

解州关帝庙是以帝王宫殿的形式进行平面布局的。重要的宫殿建筑都位于一条中轴线上。沿中轴线两边则分别对称地构造了一些次要建筑：石雕牌坊、赭色高墙、殿台楼阁、飞檐斗拱、雕梁画栋、题匾碑刻……充分体现了我国传统建筑艺术结构严谨巧妙、庄严雄伟、富丽堂皇的气势，而又有它独具的特色。因此，被列为全国重点文物保护单位。

解州关帝庙建筑布局为两大部分，即结义园和主庙。

结义园。即按"桃园三结义"故事构筑的，在主庙的南边，与主庙仅一条马路之隔。园门口有结义园木牌坊，园内建有君子亭、三义阁、莲花池，并有刘备、关羽、张飞三结义石刻像碑。结义园与主庙相比较，它的建筑相对来说显得简陋、逊色。这可能是考虑到它在这里整体布局中处于从属地位，不宜大肆"渲染"，以免造成喧宾夺主之势。

在结义园与主庙间的人行大道东边，耸立着一座构筑宏伟的"万代瞻仰"石牌坊；西边是一座结构精巧的"威震华夏"木牌坊。

关帝庙的主庙可分为三进。

一进，是前院。由端门、雉门、部将祠、崇圣祠、钟楼、追风伯祠、胡公祠、鼓楼等组成。

端门亦称山门，上边是由高、中、低三层单檐歇山顶、五踩斗拱构成；下边开一个大门，两侧开二小门。整体建筑给人以端庄古朴、气势肃然之感。从这里走进去以后，便是雉门，也叫大门。大门的东边是文经门，西边是武纬门，三门俨然形成一体。此外，在东部还建有部将祠、崇圣祠、钟楼。其中部将祠供奉的是追随关羽多年，誓与之共生死的部将周仓、王甫、赵累，亦名三贤祠。在西部建筑有追风伯祠、胡公祠、鼓楼。其中，追风伯祠供奉的是关羽生前的坐骑赤兔马，被明代万历皇帝封为"追风伯"。胡公祠供奉的是关羽的恩师和岳父胡老先生。

进入大门后，便是乐楼，也称戏楼，上边悬挂着一块

"全部春秋"的牌匾，大概是寓义关羽一生都在体行着春秋大义。

二进，是前朝，由午门、御书楼、崇宁殿组成。

午门在前，面阔五间，进深三间，四周有青石栏围绕。门内两侧原有周仓、廖化的塑像，由于战乱毁坏。后来，被用画像补绘在门内两侧的墙壁上，同时还绘有关羽生平事迹图。午门东面是"精忠贯日"牌坊，西边是"大义参天"牌坊。由午门前行，穿过"山海钟灵"牌坊，便是御书楼。御书楼原名八卦楼。清乾隆二十七年（1762），为纪念清圣祖康熙皇帝为关庙亲题匾额"义炳乾坤"，而改八卦楼为御书楼。此楼面阔、进深各三间，周围环绕石雕栏杆，两层，三檐，歇山顶，前有歇山顶抱厦，后为卷棚抱厦，整体构筑复杂，雕刻华丽。出御书楼便是崇宁殿，殿前两旁分别矗立着铁人、铁塔、铁狮子、铁旗杆。此外，东西还有两个亭子，东面是碑亭，西面是钟亭。

崇宁殿是关帝庙中的主殿，周绕青石栏杆，殿前宽敞的平台上有一张紫铜供桌、一座青铜大香炉、一对大铁鹤。殿的周围有二十六根粗大的石柱，上边雕刻有姿态各异的蟠龙。屋顶为重檐歇山顶，上下均施五踩斗拱。面阔五间，进深三间，周围有廊二十二间。殿内有关羽塑像，头戴王冠，身穿龙袍，俨然帝王模样。塑像上方挂有清朝康熙皇帝亲书的"义炳乾坤"巨匾。在殿前门上，则悬挂着清乾隆皇帝手书的"神勇"牌匾和咸丰皇帝书写的"万世人极"牌匾。这几位清代皇帝用他们手中的笔墨对关羽做出了崇高的评价。

三进，是后宫。由寝宫殿、刀楼、印楼、春秋楼组成。

由崇宁殿后跨过一个小门，便是后宫。据记载这里建有寝宫，东西还有配厢，内里塑有关羽夫人像以及其子关平、关兴的夫人像。解放战争时期被蒋军烧毁，现在，改建为小型花园，有一座"气肃千秋"牌坊。坊后，东边建有印楼，西边建有刀楼；最后边便是春秋楼了。

春秋楼又名麟经阁，是一座两层三檐歇山顶式建筑。第二层用吊柱二十六根伸出平座，支撑着上面的整体建筑，而下面却悬空着，不接触任何物件。这一建筑形式被建筑学家誉为构思巧妙、合理的"悬空柱"，在我国传统建筑中是极为少见的。春秋楼内面阔五间，进深四间，周围有廊二十二间。沿楼内阶梯登上二楼。楼内暖阁中有关羽夜读《春秋》塑像，形象逼真生动。壁上悬挂有一副楹联：

北斗在当头，帘泊开时应挂斗；

南山来对面，春秋阅罢且看山。

春秋楼的四周有一百零八个窗扇，据说是代表山西省所辖的一百零八个县。

在关帝庙内现在还保存历代遗留的石刻碑二十三通，题诗、题庙联六十余副，它们从不同的视角记叙了关庙重建、扩建的历史变迁过程，以及对关羽一生功业的评说。

在关帝庙的东边还有崇宁宫，早先居住有道士。新中国成立前，有附属八大宫，即：内宫、新成宫、永清宫、紫阳宫、万清宫、衍清宫、四圣宫、万寿宫，有道士二十二人，专司关帝庙内香火、祭祀。新中国成立后，所有道士均还俗，崇宁宫改建为学校。

在运城市西南十余公里的常平村，有关羽祖祠，也称常平关帝庙或关帝家庙，据说是在关羽故居的基础上建立的，其南面中条，背靠盐池，西距解州城也仅十公里。

常平关帝庙创建的年代说法也不一。有一种说法是在汉灵帝中平六年（189），由村人在关羽父母投井身死的井上建了一座塔，称塔墓，此塔墓就在关羽祖居院里，这可能是建关氏家庙之最早的动作。另有一种说法是创建于隋代，与解州关庙在同一时期。由于缺乏文字记载，无法确定具体时代。

常平关帝庙从草创之后，历经各代修缮、扩建工程，据有文字记载的就达十六次之多。因此，关帝家庙的规模也就相当可观了，总占地面积达1.5万平方米。庙的整体布局，也是依照"前朝后宫"的宫廷式的建筑规范。庙前有三座牌坊，中为石雕构筑的石牌坊，上刻"关王故里"四个大字，东西两面各有一座木牌坊，分别书有"秀毓条山""灵钟鹾海"大字。此外，还有钟楼、鼓楼对峙两旁。特别奇怪的是两旁各铸一个铁人手牵狮子把门，而铁人形象颇似胡人。据说金大定十七年（1177）在这里进行过土木工程，是否是那时的遗物，有待于鉴定。

常平关帝庙的主体建筑，也是有序地建造在一条中轴线上。进入山门，便是午门和献殿，其后是关帝殿（亦名崇宁殿），内有关帝塑像，也是王冠龙袍，一副帝王之尊容。殿前两厢都有配殿，分别塑有关羽的两个儿子关平、关兴像。再后是娘娘殿，塑有关羽夫人像，凤冠霞帔，也是一副富贵形态。最后是圣祖殿，内里塑有关羽始祖忠谏公（关龙逄）及曾祖光昭公、祖父裕昌公、父亲成忠公的像；而且，还塑有其曾祖母、祖母、母亲三座夫人像。这是很少见的现象。可能是因为这里是"关帝家庙"，构筑者想到了关氏家族中三代妇女，对养育这一位圣人也功不可没，在塑造男子像时也塑造了妇女像，表现了某种意义上男女平等的意愿。

塔墓在庙前午门东南侧，是一座八角形七级的砖筑塔。塔下有井。据说，关羽杀死吕熊出逃后，其父母就投身此井自溺身亡。而且，其父母的遗骸沉没井内，始终没有打捞上来予以掩葬，所以称为塔墓。

常平关帝庙内现尚保存有历代石刻二十二通，是有价值的文史资料。

距常平关帝家庙约五公里的中条山上有石磐沟，山坡上有关氏祖茔。关羽的曾祖父母、祖父母都安葬在这里。墓地上有前代建筑的献厅、祭台等残存遗迹，还有一通保存完好的石碑，上边镌有一行楷书大字："汉寿亭侯关公祖考石磐公之墓"。碑上，既未刻立碑人姓名，也无立石年月。对关氏祖茔既有人肯定不疑，也有人怀疑其真实性。

神州大地上众多的关庙建筑，解州恢宏的关帝庙以及常平不同一般的关氏家庙，使我们看到了一代名将关羽在身后一千七百多年漫长历史过程中所得到的非凡的荣耀，诚可以说是"名垂千古""光祖耀宗"了。

○
○

隆重的祭祀活动

由于关羽身后声名日崇、地位益隆，因此，对他的祭祀活动也就被重视起来，与祭祀文宣王孔子一样，既规范又隆重。仅以清代确定的祭祀规格、礼仪形式为例，就可看出一斑。

清代规定：

关圣大帝庙，府、厅、州、县岁以春秋仲月（即春季二月、秋季八月）致祭，又五月十三日（按：传说此日为关羽生日）特祭。祭时并祭三代。其解州庙及祖墓亦同日祭。

祭仪：致斋二日。祭前一日，有司饬庙祝洁扫殿庭内外，奉祝版，眂（shì，大视也）割牲，如坛祭仪。备器，陈牛一、羊一、豕一、登一、铏二、簋（guǐ，青铜或陶制食器）各二、簠（fǔ，青铜食器）、笾（biān，竹制礼器）、豆（陶制、木制或铜制食器）各十，炉一、镫（金属食器）一、帛一、香盘一、尊（酒器）一、爵（酒器）三。牲陈于俎（zǔ，祭器），帛实于篚（fěi，竹器），尊实酒，羃（mì，罩）勺具。祭日五鼓，承祭官朝服诣庙，赞礼郎二人引由庙左门入，武官由右门入。至阶东盥（guàn，洗）手毕，诣拜位前立。陪祭官咸诣拜位序立。典仪赞"乐舞生登歌，执事官各其乃职"，舞六佾（yì，行列。六佾，即用三十六人组成的歌舞行列）进。赞礼郎赞"就位"，赞"迎神"，赞"举迎神乐"，奏《格平之章》，乐作，赞礼郎赞"就上香位"，引承祭官升东阶，入殿左门，就香案前立。赞"上香"，司香跪奉香，承祭官上炷香，三上瓣香，毕。赞"复位"，引承祭官复位立。赞"跪叩兴（起）"，承祭官行三跪九叩礼，兴，乐止。典仪赞"奠帛爵，行初献礼"，奏《翊平之章》，舞《干戚之舞》。有司揭尊羃，勺挹酒实爵。乐作，赞礼郎引承祭官升东阶，赞"诣神位前"，赞"跪"，承祭官跪，行一叩礼。司帛奉篚，司爵奉爵，各进至神位前。司帛跪奠篚于案，三叩兴。司爵立献爵于案中，各退。司祝诣祝案前跪，三叩兴。奉祝版跪案左，乐暂止。赞礼郎赞"跪"，承祭官跪。赞"读祝"，司祝读祝（祝文）。读毕，兴，以祝版跪安于神案，叩如初，兴，退。赞礼郎赞"叩兴"，承祭官行三叩礼，兴。典仪赞"行亚献礼"，奏《恢平之章》，舞同初献。乐作，司爵献爵于左，如初献仪。典仪赞"行终献礼"，奏《靖平之章》，舞同亚献。乐作，司爵献爵于右，如亚献仪。乐止，舞退。典仪赞"饮福（指祭祀用酒）受胙（zuò，祭祀用肉）"。赞礼郎赞"诣受福胙位"，引承祭官至殿中拜位立。奉福胙二人，自东案奉福胙至神位前拱举；接福胙二人自西案进豆于左。赞礼郎赞"跪"。承祭官跪。赞"饮福酒"，右一人跪进福酒。承祭官受爵拱举，以授于左，接以兴。次受胙，如饮福之仪。赞"叩兴"，承祭官三叩，兴。赞"复位"，引承祭官退，降阶复位。赞"跪叩兴"，承祭官、陪祭官均行三跪九叩礼。典仪赞"徹馔"（zhuàn，食物），奏《彝平之章》。乐作，有司徹馔。乐止，赞"送神"，奏《康平之章》。乐作，赞礼郎赞"跪叩兴"，承祭官、陪祭官均行三跪九叩礼，兴。乐止，典仪赞"奉祝帛馔送燎"，有司奉祝帛香馔，以次送燎如仪。承祭官避立拜位酐，俟（sì，等待）过，复位。乐作，赞"望燎"，赞礼郎引承祭官诣燎位望燎。礼毕，乐止。承祭官及执事官皆退。同日祭后殿，正中奉三代神位，南向，位各异案。每案羊一、豕一、铏二。簠、簋各二，笾、豆各八、炉一、镫二。殿中设案，少西北向，供祝版。东西各设一案，分陈礼神制帛三，香盘三，爵九，尊三，俎、筐、幂、勺具，设洗于后垣门内甬道东。承祭官位殿檐下正中。司祝、司香、司帛、司爵、典仪、常燎各以其职为位，如常仪。承祭官由前左门入后垣中门，盥手毕，升阶就位，迎神，引诣正位前，上香，毕，以次诣左右位前，上香，复位，行三跪九叩礼。初献，读祝如仪。凡仪节，均与前殿同。

以上是祭祀的礼仪过程。祭祀中还要念祝文，祝文也各有不同，不同的祝文都是由朝廷确定的。如《春秋二季祝文》为：

> 惟神，星日英灵，乾坤正气。允文允武，绍圣学于千秋，至大至刚，显神威于六合。仰声灵之赫濯，崇祀典于馨香。兹当仲春（秋），用昭时享，惟祈昭格，克鉴精诚，尚飨！

五月十三日祭祀时的祝文为：

> 惟神，九宇承庥（xiū，荫庇），两仪合撰。嵩生岳降，溯诞圣之灵辰；日午天中，届恢台之令序。聪明正直，一者也。千秋徵肸蠁（肸蠁，xīxiǎng，分布）之隆，盛德大业至矣哉！六羃肃馨香之荐。爰循懋典，式展明禋；苾芬时陈，精诚鉴格。尚飨！（清·光绪《山西通志》卷七十二《秩祀略上》）

后殿的祭祀，还另外有祝文。

清代确定的祭祀关羽的规格与孔子一样，属于"中祀"，仅次于祭祀社稷坛的"大祀"。但是，仅就礼仪规范来看，"规格"是很高的，形式是特别"隆重"的。

首先，祭祀的范围，除关羽外，同时还祭祀他的三代祖先，祭祀活动遍及全国的府、厅、州、县，常平家庙、祖墓。

其次，有具体的祭祀时间，除春、秋祭祀外，还有诞辰特祭。

第三，祭祀的礼仪和祭品相当考究、规范、严肃。

在封建王朝统治时代，对关羽的隆重祭祀活动，是统治者对关羽崇敬的必然发展。官方的活动不仅代表他们自己的心理趋向，也是导引平民百姓趋同的政治需要。至于民间祭祀关羽的活动，则没有这么大的声势，也没有这样的考究。他们的贡品朴实，礼仪简略，香火缭绕，锣鼓喧天，也热闹非凡。平民百姓以自己的方式祭祀他们心目中的这一尊神！

第八章

关羽崇拜透视

中国有历史以来，对三国时期的人物关羽神化之极致，崇拜之盛行，奉祀之广泛，是找不到第二例的。皇室宫廷，三教寺观，城乡家庭，到处有其神主；达官显宦，宗教信徒，平民百姓，莫不对他顶礼膜拜，影响所及，达于海外。关羽崇拜的这种现象，是非同寻常的，有其深刻的社会文化原因。所以，很值得我们去思考、探究。

○
○

三位一体的偶像：名将、文学艺术典型、神

我们在对关羽生平事迹和身后的荣耀情况进行了一番探究之后，便不得不面对这样的历史和现实，即呈现在我们面前的关羽不是"一个"，而是"三个"。

关羽是一代名将，他位列刘备的五虎上将之首，南征北战，驰骋沙场，风云一时，有"威震华夏"的卓著战绩，有"忠义仁智"的显赫声名。

关羽是一个文学艺术典型，在平话、小说、戏剧、诗词、民间文学等体裁中被塑造成一个既是历史的、又是文学的个性鲜明、栩栩如生的典型人物，各种文学艺术勾画的综合典型，取得了为"妇孺所称"的强烈社会效应。

关羽是一位被世人尊奉的神，他被多种教派、统治阶级、平民百姓所崇敬。他既高高在天上，又时时在人间，"庙祀遍天下""崇祀历千年"，享受着绵绵不断的人间香火，成为信徒心目中的"全国之神"——华夏第一神。

这三个关羽，乍看起来是"三个"，分别属于历史，属于文学艺术，属于宗教，但是，你中有我，我中有他，他中有你，又是不完全独立、割裂开来的，是有所联系、相互依存的，从而成为"三合一"的综合体。

"俱往矣，数风流人物，还看今朝。"毛泽东的这句著名诗词，道尽人间沧桑，多少风云一时的人物被湮没在滔滔不息的历史长河中。随着时间的推移，他们在世人的记忆中悄悄地淡化、消失。然而，关羽却不同于一般。"三个"关羽形象，在历史发展的过程中，渗透着、融合着、扩大着。于是，集历史的关羽、文学艺术典型的关羽、神化的关羽为一体的"复合"了的关羽便出现了，成为中国这块古老土地上芸芸众生崇拜的偶像，长盛不衰。时至今日，关羽还有着广泛的影响，关羽文化的波及面也是相当广阔的。

○
○

关羽及其文化的社会影响

既然成为人们心目中的偶像，关羽及其文化必然会产生社会影响。从以下几个方面，可以看出其影响所及的范畴。

精神方面 关羽有一种无形的感召力。古往今来，民间众多的江湖组织，都以"桃园三结义"为榜样，在他们建立组织之初，就聚众在关帝庙里的关羽像前焚香立誓："有福同享，有难同当，虽不能同年同月同日生，但愿同年同月同日死。"这不仅是江湖组织结社的一种模式，也成为其精神支柱。

非但江湖组织如此崇拜关羽，就是封建时代众多的农民起义组织也拜祭关羽，以关羽为榜样。如太平天国在其《天情道理书》中就公开倡言："扫灭世间妖百万，英雄胜比汉关张。"

为什么民间江湖组织以及起义的农民造反组织要拜祭关羽呢？究其原因有三。

一是以关羽的忠义精神为支柱，团结组织队伍内部，上下一心，共同奋斗；

二是以关羽的勇武气概为榜样，鼓舞士气，增强斗志，顽强拼搏，实现奋斗目标；

三是以关羽为神灵，祈求保护，逢凶化吉，

藏于俄罗斯冬宫博物馆的金代平阳木版画义勇武安王像

转危为安，直到最后胜利。

从大的方面看，忠义精神，对无论是居住在中国这块古老土地上的华夏儿女，还是寓居于海外异乡的侨胞，都具有一种聚集力、凝固力。过去，曾有人形容中国人是一盘散沙。但是，历史发展证明，在遇到异族侵略、民族危亡、国难当头的时候，中国人所表现出来的那种团结一致、共同对外的精神，是异乎寻常的。在这种民族精神的大旗下，中华儿女趋同认识，团结斗争，努力拼搏，不怕牺牲，为国保民。在这种民族精神中，是融合有忠义精神的。因为忠义思想一代又一代潜流在中华儿女的血液中，总是要表露出来的。于右任先生说："忠义二字团结了中华儿女。"其主旨意思，大概就在于此吧。

道德风尚方面 社会道德风尚的净化、纯洁，需要长期的教育、导引，但是，也需要强力去约束、规范。关羽这个偶像，在社会道德风尚净化方面，也具有一种无形的威慑力。在他的神灵面前，芸芸众生会有一种畏惧感，从而会促使一些人自我去克服邪恶意念。在香港就有过这样一种风尚：

> 按照香港自古以来的风俗，民间遇到钱财纠纷，口舌是非，冤仇曲直，例来不愿惊动官府，双方事主来到文武庙，焚黄表，斩鸡头，对天盟誓："关圣帝君在上，小民受人欺负，蒙辱含冤，如有妄言伪语，有如此鸡，身首异处！"这是香港人最隆重的起誓取信的

仪式，世世代代都是这样的，连港府的法院都允许。本来，英国人审案要让原告、被告手按《圣经》起誓的，但这种方法对华人并没有什么约束力，倒不如斩鸡头，华人在关公面前没有敢发假誓的，关公比《圣经》还有权威。所以遇到疑案，法院便要他们到文武庙来斩鸡头，案子轻易就断了。这种风俗一直延续到本世纪初呢。(霍达《烟雨文武庙》，《光明日报》1997年5月17日第六版)

关羽具有的无形威慑力，使当事人怀有一种莫可名状的敬畏心态，使其不敢妄语伪饰，对净化社会道德风尚方面，产生了积极的影响。

行业保护方面　在旧时代，众多的行业帮会，都尊关羽为其行业保护神。如成衣店、绸缎庄、皮店、煤铺、脚行、人力车行、肉铺、镖局，甚至警察等等。这些行帮大都属于市民阶层，生活在社会底层，他们在生存环境中，会遇到各种各样的压力与困难，为求得在险恶的社会环境中自身安全有所保障，能够生存和发展，他们便不得不祈求神灵的保佑，这是众多行业帮会要关圣帝为其保护神的原因所在，也是众多行业帮会成员的精神寄托所在。其他如过去河东盐池的盐商，也是每个盐号都很虔诚地敬奉关羽，其起因就是发生在宋代大中祥符年间的所谓"关公战蚩尤"的神话，这位关圣大帝也就成了河东盐池盐商的保护神。

民俗方面 关羽能够在某一地域形成或影响一些民俗。在山西省运城市安邑一带有这样一种民俗：

四月初一日，悬皂树叶，详关帝破蚩尤异闻。（《安邑县志》卷五《风俗》）

这个"悬皂树叶"的民俗的由来是"关公战蚩尤"的神话。

安邑这一民俗的形成，看似荒唐，而有这一民俗，却是事实。这是由"关公战蚩尤"的新神话而形成的地方民俗。而且，非止民俗，还有与此新神话有关的地名（村名）出现。如运城市有留驾庄，说是关羽战蚩尤时，刘备赶来助战。他骑了一头骡子，行走到留驾庄村，骡子要生驹，就把这位蜀汉皇帝刘备"留驾"到这里。因此，这个村子就被叫作留驾庄。当我们把安邑这种民俗和留驾庄村名的由来看作是"新神话"所致的时候，也不得不承认，关羽及其文化影响的广泛。

在河北省农村还曾有过农民遇天旱找关圣帝祈雨的风俗，而且很奇特。天旱时，农民便到关帝庙抬关圣帝君的塑像到火毒的太阳下去游乡，而不是抬龙王爷的塑像游乡，让关圣帝君也经受旱魃为虐的折磨，从而布降甘霖。据说，关圣帝君也有呼风唤雨的法力。

仁爱方面 关羽曾被陈寿评价为"善待卒伍而骄于士大夫"（《三国志》卷三十六《蜀书·张飞传》），足见关羽生前对普通士卒是很能亲近、体贴的。这可能与他的出身和性格有直接的关系。在他去世成神之后，大量的民间故事说关羽的神灵能够走近平民百姓，关心、消除平民百姓的疾苦，满足普通老百姓的某些祈求、愿望，诸如赐财运、利商贾、扶正祛邪、治病疗疾等等，关圣帝君成为人们仰托的保护神，体现了关羽仁爱之心的广布天下。关羽之所以能成为世人心目中的全能之神——华夏第一神，家家顶礼，户户膜拜，原因即在于此。

关羽及其文化，当然也有负面影响，主要是封建迷信思想。由于把关羽崇拜为神，这种封建迷信思想的广泛传播，便势所必然。这是其社会影响的消极方面。

○
○

关羽崇拜的社会文化心理

从中国传统的社会文化心理角度透视，关羽崇拜现象绝不是偶然的机遇所造成，而是一种社会文化心理发展的必然反映。

当笔者要对关羽崇拜的社会文化心理进行剖析的时候，不得不首先声明：我们面对的不是"某一个方面"的关羽，而是"复合"了的关羽，即集历史名将、文学艺术典型、神三位一体的关羽，因为，只有这一个关羽，才能在人的心理上产生深刻的磁场效应。

关羽崇拜的社会文化心理，集中反映在以下几个方面。

一、崇尚忠诚的文化心理

中国传统的文化将忠诚誉为崇高的美德。

在封建时代，统治阶级历来提倡忠的道德，其目的是十分明确的，就是要熏陶、教育、造就一批又一批忠诚于封建君主、封建王朝的臣民，以维护其统治政权的牢固地位。在这种思想体系孕育下，人们视"忠信"为"立身之本"（薛瑄《读书录》卷八）。忠君被看作是一种高尚的美德。而在下的臣民则把"忠君报国"作为自己追求的道德目标。人们普遍把"忠臣""忠良"视为楷模；而把反复无常、朝秦暮楚、叛君背国之徒视为奸佞小人，不齿于人类的狗屎堆。"忠节令图，君子高行，屈节附逆，义士所耻。"（《晋书》卷一百《陈敏传》）这是一个准确地反映了人们文化心理的概括。

关羽追随、事奉刘备始终不贰。刘备与曹操在徐州交战，刘备兵败逃亡，关羽被俘投降，被曹操带回许都，拜将封侯，赏赐很多。这在关羽一生经历中，应该说是影响他声名的一个污点。但是，人们——而且是大多数的人们，并不责备他，并不以此一时的成败论英雄，反而却十分欣赏他在许都期间所表现出的另一种情操："吾极知曹公待我厚，然吾受刘将军厚恩，誓以共死，不可背之。"（《三国志》卷三十六《蜀书·关羽传》）恋念故主之情，忠于刘备之心，溢于言表。因此，后世誉为"身在曹营心在汉"。当关羽后来得知刘备下落，便毅然决然"挂印封金"而去，千里单骑、过关斩将，又投奔刘备。

有人认为，关羽对刘备所表现的这种忠诚是"愚忠"，不足为训。言外之意是，关羽不必对刘备那么死心眼地忠心耿耿，矢志不渝，他应该识时务，审时度势，做出更好的选择。这种认识，无疑是不正确的。

二、崇尚信义的文化心理

中国传统的文化视信义为高尚的情操。

> 人而无信，不知其可也。（《论语·为政篇》）
> 舍生而取义者也。（《孟子·告子上》）

中国的先贤孔子、孟子把"信""义"看的是如此的重要。

关羽在体行信义的实践上，历来被人们视为楷模，突出表现在两个方面。

一方面，"宴桃园豪杰三结义"，关羽与刘备、张飞结为异姓兄弟，三人共誓："同心协力，救困扶危；上报国家，下安黎庶。不求同年同月同日生，只愿同年同月同日死。皇天后土，实鉴此心。背义忘恩，天人共戮！"（《三国演义》第一回）关羽在此后终其一生恪守了这个誓词，从未动摇、背叛。他身陷曹营以后，尽管曹操对他拜将封侯，送金送银，赠袍赠马，却动摇不了他对刘备的思念之情、一片忠心，总想着要回到刘备那里去。最能说明他心情的莫过于曹操赠给他锦袍，他受之后却穿于旧袍之下，并公开申明："旧袍乃刘皇叔所赐，某穿之如见兄面，不敢以丞相之新赐而忘兄长之旧赐。"在得到千里驹赤兔马之后，他在回答曹操"何贱人而贵畜耶"的质问时，又明白地说："吾知此马日行千里，今幸得之，若知兄长下落，可一日而见面矣。"从而，曹操都为之感叹："事主不忘其本，乃天下之义士也！"（《三国演义》第二十五回）

另一方面，关羽对别人，甚至像曹操，也讲信义。他曾对张辽说："吾固知曹公待吾甚厚。奈吾受刘皇叔厚恩，誓以共死，不可背之。吾终不留此。要必立效以报曹公，然后去耳。"（《三国演义》第二十五回）关羽说话是算数的，他刀斩颜良，为曹操解了白马之围，而后离操而去。不但如此，到后来，孙权与刘备结盟，和曹操赤壁鏖战，曹操兵败，关羽奉命扼守华容道，曹操带着残兵败将奔此道而来，却被他"想起当日曹操许多恩义，与后来五关斩将之事，如何不动心？又见曹军惶惶，皆欲垂泪，一发心中不忍，于是把马头勒回，谓众军曰'四散摆开。'这分明是放曹操的意思。"终于放走了他的敌人曹操，"只为当初恩义重，放开金锁走蛟龙"（《三国演义》第五十回）。关羽此一行为也是冒着生命危险的，因为他在军师诸葛亮帐前立下了军令状。关羽为了"信义"，又一次表现了他不惜一切的"义无反顾"精神。

关羽如果仅仅在与刘备、张飞的生死与共中，共同完成"义结同心"，那么，也只能说明关羽仅仅在"集团"内部讲守信义，这种行为无疑有局限性、利己性。而关羽正是突破了这种局限、利己的范畴，广行信义于世，甚至面对他的敌人曹操，也恪守信义，表现了行为的一贯性，所以，他就赢得了人心。

关羽在自己行为中所体现的恪守信义的道德情操，是符合传统文化心理态势的，特别是适应了下层市民百姓的文化心理态势，将之视为人际关系中的一种优秀品德而倍加推崇。

三、崇尚智仁的文化心理

在中国漫长的封建统治历史长河中，广大的平民百姓处于封建君权的残酷统治之下，因此，他们孕育了一种希望，能够有智能之士，惠赐仁爱于天下的文化心理。

关羽被视为智者，且为"大智"。他精通《春秋》。"羽好《左氏传》，讽诵略皆上口。"（《江表传》）"志在春秋，近千载，何人解说？兵戈里，开函静对，精义发越。"（唐·刘涛《满江红》）"春秋之旨，独得其宗。"（清·张鹏翮）在世人的眼里，关羽在混乱如麻的东汉末年，能够透视社会的种种谜团，清醒地走上一条为人所称道的捍卫炎刘政权（或者说是匡扶炎刘政权）的道路，这符合中国传统的文化心理，这就是他的大智。

关羽也被视为仁者，能施爱心于人。在他生前，便是"善待卒伍而骄于士大夫"，接近普通人，这正是他受普通人爱戴之所在。而在他逝亡成为"神"之后，又以他的万般智能，广施仁爱于人世间的芸芸众生。他明辨善恶，扶正祛邪，除暴安良，救人水火，祛病疗疾，避瘟禳灾……尘世之间，事无巨细，他都过问，从而使关羽成为生活在各种困苦条件下的平民百姓解脱自己厄运的希望与精神寄托，是取得心理平衡的一个砝码。人们认为，关羽活在人世时，或死后升天成神，都是可以信赖的，唯有他才关心他们，爱护他们，保佑他们。这是关羽道德品质所产生的一种精神感应魅力。在中国这块古老的土地上，无论是哪一位封建时期的历史人物或哪一位尊神，都没有能像关羽那样得到人们这样的崇敬与信赖。

四、崇尚勇武的文化心理

勇武在个人是一种气质，在民族则是一种精神。中华民族是一个崇尚勇武的民族。崇尚勇武的文化心理，在浩繁的历史典籍、文学作品、诗词歌赋、戏剧曲艺、口头文学、社会生活等众多的方面，都有充分的表现，成为社会各阶层传统的文化心理共识。中国历代的勇士、武将如荆轲、廉颇、项羽、韩信、卫青、霍去病、张飞、花木兰、薛仁贵、罗通、秦琼、杨家将、岳飞、戚继光、关天培等都是备受世人喜爱、尊崇、赞誉的。

对关羽的崇拜也体现了这一传统文化心理，而且达到了令其他勇武之士不可企及的地步。

关羽入仕后第一次参与重大的征战活动，就显露出他不同凡俗的神勇气概。当时，他身为刘备手下一个普普通通的马弓手，对气势汹汹、连斩诸侯联军数员大将的华雄并不放在眼里，声言："小将愿往斩华雄头，献于帐下！"遭到袁术的呵斥。幸得曹操说情，才得披挂出阵。"操教酾热酒一杯，与关公饮了上马。关公曰：'酒且斟下，某去便来。'出帐提刀，飞身上马。众诸侯听得关外鼓声大振，喊声大举，如天摧地塌，岳撼山崩，众皆失惊。正欲探听，鸾铃响处，马到中军，云长提华雄之头，掷于地上——其酒尚温。""温酒斩华雄"，关羽建立了"威震乾坤第一功"（《三国演义》第五回）。

温酒斩华雄，对关羽来说，只不过是小试牛刀而已。关羽的勇武更充分表现在随之而来的众多征战中。

他为曹操解白马之围，匹马横刀，冲锋陷阵，策马刺袁绍大将颜良于万众之中；随后，又砍了袁绍另一大将文丑，表现了他"万人敌"的神威，使曹操都喜不自禁地称赞他："将军真神人也！"（《三国演义》第二十五回）

他挂印封金，辞别曹操，走出许都，千里单骑，五关斩将，如入无人之境。

他在赤壁鏖战中，带领水军万人，游弋大江，威风凛凛。

他应鲁肃之邀，一叶小舟，漂流过江，单刀赴会，完成了一次冒死生于万一、有胆有识的外交活动。

他刮骨疗毒，出兵樊城，水淹七军，擒于禁，斩庞德，造成"威震华夏"的赫赫声势，使得曹操都计议迁出许都，以避其兵锋。

他带领天兵天将，毫不畏惧地与曾和轩辕黄帝争雄、死后又成为妖神且神通广大的蚩尤争战，并将蚩尤再一次诛杀，解决了河东盐池生产不能正常进行的困难。

作为一个三国时期的武将，关羽的实际武功成就，并不比其他某些历史名将高超。他失去荆州，败走麦城，身遭杀害，构成了令世人遗憾的悲剧结果。但是，他勇武的声名，却远远地超过了其他任何人，其原因，无非是关羽这个勇武之士的形象，在历史事实的基础上，经过了口头传说、文学作品和戏曲舞台的艺术概括、夸张、再现，表现得十分威武、生动、灵活，称得上是"勇者不顾身"了。他每一次征战，都把生死置身度外，使崇尚勇武的人们在心理上得到了一种十分快意的满足，终于将之推到了"武圣人"的高峰。

五、崇尚神灵的文化心理

世界上原本没有神，神是人类的创造。

人类创造了神，同时也成了神的奴仆。

对神崇拜中的愚昧无知、迷信思想，事实上一直存在于从古至今很多人的身上。

关羽生前为将为侯，死后封王封神，他享受到了人们敬之如天神般的崇拜。从陈、隋时期他最初被推上神坛，历经宋、元、明各代又屡屡加封，直到清代的统治者封他为"忠义神武灵佑仁勇威显护国保民精诚绥靖翊赞宣德关圣大帝"，达到了登峰造极的地位。而且，从中国的儒教到佛教、道教，也都毫无例外地推崇他。"儒称圣，释称佛，道称天尊。"在中国历史上有过重大影响的三大教派，都无一例外地将关羽这一历史人物拉进其崇高的祭坛，对一个历史人物来说，这是绝无仅有的，连被尊称为"文圣人"的孔夫子，也没有能够得到这种三教共认同、共推崇的荣耀。

把关羽尊为神的市民百姓的崇拜文化心理，作为一种迷信心理，实质是一种消极的精神寄托。与民众的这种文化心理相适应，统治阶级尊关羽为神，除了具有迷信的心态之外，则是利用民众对关羽崇拜的文化心理，将这位大神拿来作为统治、奴化民众的一种工具。

关羽文化是中国封建社会发展所需要，并与之相适应的历史产物，它明显地具备以下特点：

（一）关羽文化是由历史人物、文学艺术典型、神化了的大帝三位一体融合而构成的文化现象，既具有平凡的内容，又有神秘的色彩。

（二）关羽文化充分而又强烈地表现了中国传统文化的伦理道德观念，人格情操精神，既具有儒家色彩，又兼有佛、道的宗教色彩。

（三）关羽文化为社会各阶层所共识、认可，又在认同上存在阶级差异，因此，既具有全社会的普遍意义，又有个性价值观的局限性。

由于关羽文化的形成是一个历史过程，有众多的因素，而且关羽文化有相当广阔的覆盖面，影响久长。所以，对关羽的研究就不能局限于历史的关羽，必须研究丰富的、复杂的关羽文化现象。

对历史的关羽进行评价，是较为容易的，因为他是历史人物，言行有一定的脉络，比较好界定；而关羽文化涉及的范畴广阔，要正确把握，就不太容易。

对关羽及关羽文化的研究，无疑是有价值的。如果按照马克思主义的观点，历史地、辩证地进行分析，我们将能从中取得有益的成果，弘扬其积极的因素，以服务于我们的社会主义建设。

笔者在本书中所进行的探讨是初步的、肤浅的。如果我的努力，能够在对关羽及其文化现象的研究中起到抛砖引玉的作用，那就十分欣慰了。

参考文献

[1]［晋］陈寿：《三国志》。

[2]［晋］常璩编撰《华阳国志》。

[3]［宋］司马光编著《资治通鉴》。

[4]《三分事略》。

[5]《三国志平话》。

[6]［元］胡琦编撰《关王事迹》。

[7]［明］罗贯中：《三国演义》。

[8]［明］徐霞客：《徐霞客游记》。

[9]［明］赵钦汤编撰《汉关圣帝群庙志》（亦称《汉关将军庙志》或《关公祠志》）。

[10]［明］沈泰灏编撰《关帝纪》。

[11]［明］辛全编撰《关帝集》。

[12]［明］吕柟编撰《义勇武安王集》。

［13］［清］张镇撰《解梁关帝志》。

［14］［清］觉罗石麟编撰《山西通志》。

［15］［清］卢湛编撰《关圣帝君圣迹图志全集》。

［16］［清］梁章钜：《归田琐记·三国演义》。

［17］［清］钱谦益辑《重编义勇武安王集》。

［18］鲁迅：《鲁迅全集》。

［19］范文澜：《中国通史》。

［20］翦伯赞主编《中国史纲要》。

［21］柯文辉：《解州关帝庙》。

［22］陈铁儿编《关圣帝君圣迹图志全集》（增集），1961年香港版。

关羽年表

公元160年（汉桓帝延熹三年）

关羽诞生于河东郡解县宝池里下冯村（今山西省运城市盐湖区解州镇常平村）。他的生日有三种传说：即五月十三日、六月二十二日和六月二十四日。

在关羽出生的前一年（159），汉桓帝诛杀专权近二十年的大将军、外戚梁冀。由于宦官在这一事件中有功，因此得到汉桓帝的宠信。

公元161年（汉桓帝延熹四年）

刘备诞生于涿县大树楼桑（今河北省涿州市）。他是汉景帝中山靖王刘胜之后。父刘弘，早亡。

张飞与刘备是同乡，也是涿县人。出生于桃庄。桃庄现名忠义店，又名张飞店。

公元178年（汉灵帝光和元年）

关羽十八岁。

关羽长子关平出生，传说生日为五月十三日。关羽妻子传说姓胡名玥，为关羽于村塾读书时的恩师胡先生之女。

公元179年（汉灵帝光和二年）

关羽十九岁。

关羽杀死解县恶霸吕熊等后亡命出逃，辗转逃亡到各地。他的父母在他逃亡后投井自杀，妻子胡玥携子关平也避往他乡。

公元184年（汉灵帝中平元年）

关羽二十四岁，刘备二十三岁。

关羽在故乡杀死恶霸出逃，在外流亡数年后，来到涿郡，与刘备、张飞相识、订交。"桃园三结义"当在此年。关羽年长于刘备，由于刘备是汉王朝宗室出身，据说是按"拜德不拜长"的意旨，刘备居先，关羽为老二，张飞为三弟。

是年，张角领导的黄巾军举行起义，朝野震动，天下大乱。汉王朝及各地豪强武装纷纷出来镇压黄巾军。刘备从校尉邹靖讨黄巾军有功，被任命为安喜县（今河北省定州市东）尉。关羽、张飞追随刘备，共同镇压黄巾军。

公元190年（汉献帝初平元年）

关羽三十岁。

刘备应大将军何进的招募，参加镇压黄巾军有功，被任命为下密县（今山东省昌邑市东）丞、高唐县（今山东省禹城县西南）尉、县令。关羽、张飞追随其左右。

公元191年（汉献帝初平二年）

关羽三十一岁。

刘备与黄巾军作战兵败，投奔中郎将公孙瓒，被公孙瓒表为别部司马。关羽、张飞都追随刘备在军中。后刘备又因战功守平原（今山东省平原县南）令、领平原相。关羽和张飞任别部司马分统部曲。

公元192—193年（汉献帝初平三至四年）

关羽三十二至三十三岁。

关羽、张飞追随刘备在平原。

公元194—195年（汉献帝兴平元至二年）

关羽三十四至三十五岁。

由于徐州牧陶谦受曹操攻击，刘备率兵救援陶谦，陶谦表刘备为豫州刺史，屯兵小沛（今江苏省沛县东）。陶谦病故后，刘备遂领徐州牧，关羽和张飞追随刘备在小沛、徐州。

公元196年（汉献帝建安元年）

关羽三十六岁。

曹操表刘备为镇东将军，封宜城亭侯。袁术发兵进攻刘备，以夺取徐州。刘备让张飞领兵据守下邳（今江苏省睢宁县西北），自己带兵拒袁术军于盱眙（xū yí）、淮阴（均属今江苏省）。吕布乘机攻下邳，张飞败走。刘备引军还，求和于吕布。吕布自命为徐州牧，让刘备任豫州刺史，刘备命关羽屯兵守下邳。刘备仍还驻小沛。由于刘备手中拥有重兵万余人，使吕布很疑惧，便亲自带兵攻击刘备。刘备兵败后，便带关羽、张飞投奔曹操。曹操让刘备任豫州牧，收拾残兵，围攻吕布。关羽随刘备驻小沛。

公元197年（汉献帝建安二年）

关羽三十七岁。

杨奉约刘备共同进攻吕布。刘备表面应允，诱杨奉入小沛，在宴席间杀之。关羽参与其事。

袁术在寿春（今安徽省寿县）称帝。

公元198年（汉献帝建安三年）

关羽三十八岁。

吕布派大将高顺、张辽进攻刘备。刘备兵败，又偕关羽、张飞投奔曹操。

这年冬天，曹操亲自率兵东征吕布。刘备与关羽、张飞随军征战。吕布兵败被俘，在下邳白门楼被曹操杀死。

公元199年（汉献帝建安四年）

关羽三十九岁。

曹操征杀吕布后，返回许都。刘备与关羽、张飞也随曹操回到许都。刘备被拜为左将军，关羽和张飞皆为中郎将。车骑将军董承奉汉献帝衣带诏与刘备等密谋诛杀曹操。事情未举，曹操派刘备和大将朱灵、路昭带兵东征袁术。刘备乘机带关羽、张飞出许都。袁术兵败退到江亭时呕血而死。朱灵等带兵回许都。刘备带关羽、张飞到下邳。刘备击杀徐州刺史车胄，留关羽驻守下邳，行下邳太守事。刘备还守小沛。东海昌霸和一些郡县反叛曹操依附刘备，遂使刘备拥兵数万人。刘备遣使与袁绍联兵对抗曹操。

公元200年（汉献帝建安五年）

关羽四十岁。

车骑将军董承谋杀曹操事泄露。曹操杀死董承及参与其谋的王子服、种辑等人。

是年正月，曹操亲自带兵攻打刘备。刘备兵败后逃往河北依附袁绍。曹操俘获关羽及刘备妻子，关羽投降。曹操带关羽回许都，拜关羽为偏将军，礼遇甚厚。

同年四月，袁绍派大将颜良围攻曹操东郡太守刘延于白马（今河南省滑县东）。曹操亲领大军并以关羽、张辽为先锋救白马。关羽刺杀颜良于万军之中，遂解白马之围。因此功绩，曹操表封关羽为汉寿亭侯。

同年七月，关羽得知刘备在袁绍军中的消息后，便挂印封金，辞别曹操，千里单骑，又归于刘备。

九至十月间，曹操与袁绍交兵于官渡（今河南省中牟县东北），袁绍大败。曹操取得官渡之战的胜利，为其统一北方奠定了基础。

袁绍与曹操官渡之战前，刘备劝袁绍连接荆州刘表，因此乘机带兵到汝南（今属河南省东南部及安徽省西北部边界区域）。曹操派蔡阳进攻刘备，被刘备杀死。东吴孙策被吴郡太守许贡家客刺杀，弟孙权继其位。

公元201年（汉献帝建安六年）

关羽四十一岁。

刘备在袁绍兵败官渡之后，势更孤单。曹操又率兵南击刘备。刘备派孙乾、糜竺去荆州连接荆州牧刘表。刘表很敬重刘备，亲自郊迎，待为上宾，并让他屯兵新野（今河南省新野县南）。关羽、张飞随刘备在新野。

公元202—206年（汉献帝建安七至十一年）

关羽四十二至四十六岁。

在此数年间，关羽、张飞一直追随刘备在新野屯兵。

袁绍于公元202年病亡。

公元207年（汉献帝建安十二年）

关羽四十七岁。

刘备经徐庶、司马徽推荐，亲自带领关羽、张飞三次前往襄阳县西十公里的隆中山（一说是在南阳卧龙冈）拜访诸葛亮。诸葛亮与刘备纵论天下大事，提出刘备争雄天下应采取的战略，是为《隆中对》。诸葛亮从此时出山，追随刘备，成为他的智囊。诸葛亮当时仅二十七岁。

公元208年（汉献帝建安十三年）

关羽四十八岁。

是年七月，曹操领兵南征。八月，荆州牧刘表病亡。刘表次子刘琮投降曹操。刘备与曹操交兵，兵败当阳（今湖北省当阳市东），率众南逃，并派遣关羽乘船数百艘去军事要地江陵（今属湖北省），后与刘备会合，同至夏口（今属湖北省）。

在曹操大兵压境下，刘备联合孙权共同对抗曹操。十二月，孙权和刘备的联军与曹军战于赤壁（今湖北省赤壁市西北），大败曹军。关羽带水军万余人参加了这次战役。

赤壁兵败后，曹操退回许都，刘备占据了荆州的江南四郡。

公元209年（汉献帝建安十四年）

关羽四十九岁。

东吴孙权将其妹嫁于刘备，结为亲好。

刘表长子——荆州刺史刘琦病亡。刘备领荆州牧，治公安（今湖北省公安县东北）。刘备征战多年后，终于有了立足之地，便封拜追随他的有功之人，以诸葛亮为军师中郎将；关羽为荡寇将军，领襄阳太守，驻江北；张飞为征虏将军，宜都太守。

公元210年（汉献帝建安十五年）

关羽五十岁。

关羽屯兵江北。

东吴周瑜病亡。孙权经鲁肃劝说，借荆州给刘备，以共同对抗曹操。

公元211年（汉献帝建安十六年）

关羽五十一岁。

刘备率数万大军入益州（今属四川省），留诸葛亮与关羽等领重兵据守荆州。

公元212年（汉献帝建安十七年）

关羽五十二岁。

孙权于建安十六年（211）从京汉（今江苏省镇江市）迁居秣陵，公元212年建石头城，改秣陵为建业（今江苏省南京市）。冬十月，曹操率领大军进攻孙权。孙权求救于刘备，关羽带兵与曹操部将乐进相拒于青泥（今湖北省安陆市东），体现了孙、刘联合共同对抗曹操的战略方针。

公元213年（汉献帝建安十八年）

关羽五十三岁。

曹操从东吴撤兵，曹操被汉献帝封为魏公。

刘备在益州与益州牧刘璋矛盾公开化，两军交兵，庞统战死。刘备调诸葛亮等入蜀，留关羽镇守荆州，独当一面，为刘备在益州的胜利做出了贡献。

公元214年（汉献帝建安十九年）

关羽五十四岁。

刘备攻破成都，刘璋投降，刘备领益州牧。以诸葛亮为军师将军，法正为扬武将军，关羽董督荆州事，张飞为巴西太守，马超为平西将军。

公元215年（汉献帝建安二十年）

关羽五十五岁。

东吴孙权以刘备已取得益州为由，派人入蜀要求刘备归还荆州，被刘备以"取得凉州以后，再归还荆州"的托词拒绝。孙权与刘备矛盾加剧。孙权置长沙、零陵、桂阳三郡长吏，但是，都被关羽驱走。孙权不甘罢休，又派吕蒙率兵二万夺取三郡。刘备从蜀汉地赶到公安坐镇，派关羽争三郡。孙权也到陆口（今湖北省嘉鱼县西南）督兵，孙权又命鲁肃屯兵益阳（今属湖南省）。关羽也进兵益州与鲁肃对抗。孙、刘两军对垒，形势紧张，呈一触即发之势。关羽和鲁肃在军中会晤，谈荆州之事。在此期间，由于曹操领兵进攻汉中，刘备害怕益州失守，便派人与孙权讲和，约定以湘水为界，长沙、桂阳、江夏以东归孙权；南郡、零陵、武陵以西属刘备；中分荆州，暂时缓和了孙、刘矛盾。

曹操占领汉中。孙权与曹操部将张辽战于合肥。

公元216年（汉献帝建安二十一年）

关羽五十六岁。

曹操被汉献帝晋封为魏王。

这年冬，曹操率兵南征孙权。

关羽镇守荆州。

公元217年（汉献帝建安二十二年）

关羽五十七岁。

曹操大军压境，孙权兵败，遣使见曹操投降。

鲁肃在陆口病逝。孙权派吕蒙接替鲁肃驻兵陆口，与关羽分土接境。

刘备进兵争汉中，留诸葛亮据守成都。关羽仍镇守荆州。

公元218年（汉献帝建安二十三年）

关羽五十八岁。

刘备屯兵阳平关（今陕西省勉县西），与曹操部将夏侯渊、张郃等对垒。曹操出兵到长安，欲进击刘备。

关羽仍镇守荆州。孙权为子求婚于关羽女，关羽辱骂其使，加剧了孙、刘之间的矛盾。

公元219年（汉献帝建安二十四年）

关羽五十九岁。

刘备部将黄忠斩杀曹操大将夏侯渊。曹操亲自统兵到汉中，与刘备争战。是年五月，曹操引兵还长安。刘备进占汉中，七月，刘备称汉中王，拜关羽为前将军，张飞为右将军，马超为左将军，皆假节钺；黄忠为后将军，赵云为翊军将军。

八月，关羽从荆州发兵进襄阳、樊城（今湖北省襄阳市），水淹曹操大将于禁等七军，于禁投降，庞德被杀。曹仁被围困于樊城。关羽威震华夏，曹操欲徙出许都以避其锐。曹操的谋士司马懿、蒋济劝曹操利用孙权和刘备的矛盾，诱使孙权袭取荆州，以解樊城之围。

东吴孙权乘关羽在襄樊与曹军鏖战之际，用吕蒙之计，对关羽后方发动突然袭击。南郡太守糜芳、公安守将傅士仁投降，荆州被东吴占领。关羽腹背受敌，只得从樊城撤兵。十一月，关羽退兵到当阳，先保守麦城（今湖北省当阳市东南）；十二月，关羽又走临沮（今湖北省远安县），在罗汉峪被东吴伏兵擒获，遇害于漳乡；同时遇害的还有其子关平、都督赵累。关羽享年五十九岁，关平享年四十一岁。

孙权杀害关羽后，将关羽尸骸葬于当阳，又将关羽首级送往洛阳献给曹操邀功。曹操用沉香木刻成身躯，连同关羽首级葬于洛阳。所以，湖北当阳和河南洛阳都有关羽冢。

孙权夺取荆州，杀害关羽父子后，孙权、刘备联盟彻底破坏。孙权上书曹操称"臣"，曹操表孙权为骠骑将军，领荆州牧，封南昌侯。

公元220年（汉献帝延康元年）

曹操于年初病亡。其子曹丕废除汉献帝，登皇帝位，国号魏，改元黄初。东汉亡。

公元221年（魏黄初二年·蜀章武元年）

刘备即皇帝位，立国号为汉，一般称蜀，或称蜀汉，改元章武。

刘备为给关羽报仇，出兵征伐东吴。张飞在兵兴之初，被部将张达、范疆杀害。东吴孙权遣书求和，刘备不许。

公元222年（魏黄初三年·蜀章武二年·吴黄武元年）

孙权接受魏文帝曹丕的封号，称吴王。

公元229年，孙权称帝，建立吴国。

刘备率兵与东吴兵战于猇（xiāo）亭（今湖北省宜都长江北岸），刘备兵败后，退守鱼复县白帝城（今重庆市奉节县东北）。

公元223年（魏黄初四年·蜀章武三年·吴黄武二年）

刘备病逝于白帝城永安宫。其子刘禅继皇帝位。

关羽传

　　关羽字云长，本字长生，河东解人也。亡命奔涿郡。先主于乡里合徒众，而羽与张飞为之御侮。先主为平原相，以羽、飞为别部司马，分统部曲。先主与二人寝则同床，恩若兄弟。而稠人广坐，侍立终日，随先主周旋，不避艰险。（《蜀记》曰：曹公与刘备围吕布于下邳，关羽启公，布使秦宜禄行求救，乞娶其妻，公许之。临破，又屡启于公。公疑其有异色，先遣迎看，因自留之，羽心不自安。此与魏氏春秋所说无异也。）先主之袭杀徐州刺史车胄，使羽守下邳城，行太守事，（《魏书》云：以羽领徐州。）而身还小沛。

　　建安五年，曹公东征，先主奔袁绍。曹公禽羽以归，拜为偏将军，礼之甚厚。绍遣大将（军）颜良攻东郡太守刘延于白马，曹公使张辽及羽为先锋击之。羽望见良麾盖，策马刺良于万众之中，斩其首还，绍诸将莫能当者，遂解白马围。

曹公即表封羽为汉寿亭侯。初，曹公壮羽为人，而察其心神无久留之意，谓张辽曰："卿试以情问之。"既而辽以问羽，羽叹曰："吾极知曹公待我厚，然吾受刘将军厚恩，誓以共死，不可背之。吾终不留，吾要当立效以报曹公乃去。"辽以羽言报曹公，曹公义之。（《傅子》曰：辽欲白太祖，恐太祖杀羽，不白，非事君之道，乃叹曰："公，君父也；羽，兄弟耳。"遂白之。太祖曰："事君不忘其本，天下义士也。度何时能去？"辽曰："羽受公恩，必立效报公而后去也。"）及羽杀颜良，曹公知其必去，重加赏赐。羽尽封其所赐，拜书告辞，而奔先主于袁军。左右欲追之，曹公曰："彼各为其主，勿追也。"（臣松之以为曹公知羽不留而心嘉其志，去不遣追以成其义，自非有王霸之度，孰能至于此乎？斯实曹公之休美。）

从先主就刘表。表卒，曹公定荆州，先主自樊将南渡江，别遣羽乘船数百艘会江陵。曹公追至当阳长阪，先主斜趣汉津，适与羽船相值，共至夏口。（《蜀记》曰：初，刘备在许，与曹公共猎。猎中，众散，羽劝备杀公，备不从。及在夏口，飘飖江渚，羽怒曰："往日猎中，若从羽言，可无今日之困。"备曰："是时亦为国家惜之耳；若天道辅正，安知此不为福邪！"臣松之以为备后与董承等结谋，但事泄不克谐耳，若为国家惜曹公，其如此言何。羽若果有此劝而备不肯从者，将以曹公腹心亲戚，实繁有徒，事不宿构，非造次所行；曹虽可杀，身必不免，故以计而止，何惜之有乎！既往之事，故托为雅言耳。）孙权遣兵佐先主拒曹公，曹公引军退归。先主收江南诸郡，乃封拜元勋，以羽为襄阳太守、荡寇将军，驻江北。先主西定益州，拜羽董督荆州事。羽闻马超来降，旧非故人，羽书与诸葛亮，问超人才可谁比类。

亮知羽护前，乃答之曰："孟起兼资文武，雄烈过人，一世之杰，黥、彭之徒，当与益德并驱争先，犹未及髯之绝伦逸群也。"羽美须髯，故亮谓之髯。羽省书大悦，以示宾客。

羽尝为流矢所中，贯其左臂，后创虽愈，每至阴雨，骨常疼痛，医曰："矢镞有毒，毒入于骨，当破臂作创，刮骨去毒，然后此患乃除耳。"羽便伸臂令医劈之。时羽适请诸将饮食相对，臂血流离，盈于盘器，而羽割炙引酒，言笑自若。

二十四年，先主为汉中王，拜羽为前将军，假节钺。是岁，羽率众攻曹仁于樊。曹公遣于禁助仁。秋，大霖雨，汉水泛溢，禁所督七军皆没。禁降羽，羽又斩将军庞德。梁、郏、陆浑群盗或遥受羽印号，为之支党，羽威震华夏。曹公议徙许都以避其锐，司马宣王、蒋济以为关羽得志，孙权必不愿也。可遣人劝权蹑其后，许割江南以封权，则樊围自解。曹公从之。先是，权遣使为子索羽女，羽骂辱其使，不许婚，权大怒。（《典略》曰：羽围樊，权遣使求助之，敕使莫速进，又遣主簿先致命于羽。羽忿其淹迟，又自已得于禁等，乃骂曰："狢子敢尔，如使樊城拔，吾不能灭汝邪！"权闻之，知其轻己，伪手书以谢羽，许以自往。臣松之以为荆、吴虽外睦，而内相猜防，故权之袭羽，潜师密发。按《吕蒙传》云："伏精兵于𦩷𦪇之中，使白衣摇橹，作商贾服。"以此言之，羽不求助於权，权必不语羽当往也。若许相援助，何故匿其形迹乎？）又南郡太守麋芳在江陵，将军（傅）士仁屯公安，素皆嫌羽轻己。自羽之出军，芳、仁供给军资，不悉相救。羽言"还当治之"，芳、仁咸怀惧不安。于是权阴诱芳、仁，芳、仁使人迎权。而曹公遣徐晃救曹仁，

（《蜀记》曰：羽与晃宿相爱，遥共语，但说平生，不及军事。须臾，晃下马宣令："得关云长头，赏金千斤。"羽惊怖，谓晃曰："大兄，是何言邪！"晃曰："此国之事耳。"）羽不能克，引军退还。权已据江陵，尽虏羽士众妻子，羽军遂散。权遣将逆击羽，斩羽及子平于临沮。（《蜀记》曰：权遣将军击羽，获羽及子平。权欲活羽以敌刘、曹，左右曰："狼子不可养，后必为害。曹公不即除之，自取大患，乃议徙都。今岂可生！"乃斩之。臣松之按《吴书》：孙权遣将潘璋逆断羽走路，羽至即斩，且临沮去江陵二三百里，岂容不时杀羽，方议其生死乎？又云"权欲活羽以敌刘、曹"，此之不然，可以绝智者之口。《吴历》曰：权送羽首于公，以诸侯礼葬其尸骸。）

追谥羽曰壮缪侯。（《蜀记》曰：羽初出军围樊，梦猪啮其足，语子平曰："吾今年衰矣，然不得还！"《江表传》曰：羽好《左氏传》，讽诵略皆上口。）子兴嗣。兴字安国，少有令问，丞相诸葛亮深器异之。弱冠为侍中、中监军，数岁卒。子统嗣，尚公主，官至虎贲中郎将。卒，无子，以兴庶子彝续封。（《蜀记》曰：庞德子会，随钟、邓伐蜀，蜀破，尽灭关氏家。）

评曰：关羽、张飞皆称万人之敌，为世虎臣羽而自矜，飞暴而无恩，以短取败，理数之常也。

（选自《三国志》卷三十六《关张马黄赵传》，括号内为裴松之注）

编后记

关羽，汉末名将，蜀国重臣。其忠义仁勇的节概，在当时即受人景仰；其身后，被尊为武圣，历代崇信有加，关庙遍及五大洲。因此，关羽成为中国在世界上知名度最高的名人之一。

对关羽的尊崇，带动了相关的著述与研究，当今，"关学"成为华人圈内的显学，著述林林总总，汗牛充栋。

本书为《运城师专（今运城学院）学报》前主编柴继光先生（1931—2012）所著。早在1996年，柴继光先生与其女柴虹，就在山西古籍出版社出版了《武圣关羽》。之后，又经积累资料，反复研究，在三晋出版社出版了《关羽——名将　武圣　大帝》，末附关羽年谱。本书大致分两部分：第一部分记述关羽生平，第二部分记述关羽的著述、艺事、相关传说，以及历史上对关羽的封赠、祭祀，兼及关羽的影响，等等，资料翔实，考证严谨，语言朴素，在众多关羽传著中堪称上乘之作。从本书可知，柴先生作为关羽故里的学者，对关羽行迹做过认真考察，对关羽史料做过大量研究工作，这对于后人研究关羽、了解关羽，都是非常有益的。

经过反复比较，我们从众多关羽传记中，选取柴继光先生此著，作为"三晋历史文化名人书系"丛书的一种。为尊重和保留原作品风貌，文中某些信息和数据未做修正，但由于入选该丛书有严格的要求，我们征得作者家属同意，请三晋出版社原总编辑张继红同志、太原学院康玉庆教授对书中一些内容做了适当删节与证正，并根据丛书统一体例，对章节编排等做了微调，并由王灵善补写了《义勇冲霄汉的中华武圣：关羽、关公崇拜与关公文化》短文作为引言。谨此说明。